Christine Fehér

Ab heute gehe ich in die Schule!

DIE AUTORIN
Christine Fehér wurde 1965 in Berlin geboren. Neben ihrer Arbeit als Lehrerin an verschiedenen Schulen schreibt sie seit einigen Jahren erfolgreich Kinder- und Jugendbücher und hat sich mit Büchern wie »Dann bin ich eben weg. Geschichte einer Magersucht« einen Namen als Autorin authentischer Themenbücher gemacht. Sie lebt heute mit ihrer Familie am nördlichen Stadtrand von Berlin.

Von Christine Fehér ist bei cbj erschienen:

Erst ich ein Stück, dann du –
Nino und der Schul-Drache (15626)
Wir vom Brunnenplatz (22406)
Neues vom Brunnenplatz (22385)

Christine Fehér

Ab heute gehe ich in die Schule!

Mit Illustrationen
von Marina Rachner

cbj
ist der Kinder- und Jugendbuchverlag
in der Verlagsgruppe Random House

*Gewidmet allen Kindern und Kollegen in der Grundschule
am Vierrutenberg, Berlin Lübars. Es ist schön bei Euch.*

Verlagsgruppe Random House FSC® N001967
Das für dieses Buch verwendete FSC-zertifizierte Papier
Garda von Gorda liefert Paperlinx.

2. Auflage
Originalausgabe Juni 2009
Gesetzt nach den Regeln der Rechtschreibreform
© 2009 cbj Kinder- und Jugendbuchverlag
in der Verlagsgruppe Random House, München
Alle Rechte vorbehalten
Umschlag- und Innenillustrationen: Marina Rachner
Umschlaggestaltung: Basic-Book-Design, Karl Müller-Bussdorf
MI • Herstellung: ReD
Satz: Uhl+Massopust, Aalen
Druck und Bindung: Těšínská tiskárna, a. s., Cěský Těšín
ISBN: 978-3-570-22055-9
Printed in the Czech Republic

www.cbj-verlag.de

Inhalt

1. Ameisen im Bauch   7
2. Das Mädchen in Rosa   19
3. Die erste Schulstunde   30
4. Das packst du schon, Philip!   42
5. Unterricht und große Pause   53
6. Amelie und die rosa Mauer   65
7. Trau dich, Philip!   75
8. Philip gegen Tom   87
9. Amelie ist kein Wasserfall!   99
10. Ein Glückstag für Philip   108

1. Ameisen im Bauch

»Ich kann nicht einschlafen, Mama!«, ruft Philip aus seinem Hochbett. Im Zimmer ist es noch gar nicht richtig dunkel und deshalb gehen seine Augen immer wieder auf. Ganz von allein, egal wie fest er sie zukneift. Und dann muss er jedes Mal seinen schönen neuen Ranzen anschauen. Philip kann kaum glauben, dass er wirklich ihm gehört. Aber der Ranzen steht da, in *seinem* Zimmer, vor *seinem* Kleiderschrank. Dunkelblau ist er, mit Haien, Walen und Delfinen darauf. Er hat Streifen in Leuchtgrün vorne und an den Seiten, Katzenaugen und je eine Extratasche für die Brotbox und seine Trinkflasche. Für morgen. Denn da wird Philip eingeschult.

In seinem Bauch kribbelt es, als ob ein ganzes Ameisenvolk darin wohnt. So aufgeregt ist er. Und deshalb muss er jetzt die Rutsche hinunterrutschen, die ihm Papa letzte Woche erst ans Bett angebaut hat, und ins Wohnzimmer flitzen. Sonst wird er noch verrückt. Mama kommt sowieso nicht zu ihm rein, das weiß er schon. Nach dem dritten Mal rufen ist Schluss, hat sie gesagt, und das war jetzt schon das vierte Mal.

»Ach, Philip!« Seine Mama lässt die Fernsehzeitung sinken, in der sie sich gerade einen schönen Film aussuchen wollte. Am liebsten sieht sie Liebesfilme aus Schweden, und wenn sie dabei gestört wird, kann sie richtig grantig werden. Vor allem wenn sich der Mann und die Frau gerade zum ersten Mal küssen. Deshalb kommt Philip ja auch schon jetzt. Der Film hat noch nicht mal angefangen. Papa sitzt noch im Korridor am Computer und schreibt. Er hat nur kurz die Stirn gerunzelt, als Philip an ihm vorbeigesaust ist.

»Du musst doch mal schlafen«, sagt Mama.

»Sonst bist du gleich an deinem ersten Schultag hundemüde!«

»Mir ist aber was eingefallen«, erwidert Philip. Schnell setzt er sich neben sie, legt seine Wange an ihren Arm und blickt zu ihr hoch. Wenn er sie so ansieht, schimpft sie nie, egal wie spät es schon ist.

»Was mache ich bloß, wenn ich in der Schule keine Freunde finde?«, fragt er. »Mit wem soll ich dann spielen?«

Seine große Schwester Lisa, die schon ins Gymnasium geht, kommt mit ihrem Lieblingsnachthemd über dem Arm herein. Es sieht aus wie ein ganz großes T-Shirt und vorne drauf ist Snoopy. Lisa bürstet sich gerade ihr langes blondes Haar. Als sie Philip sieht, rollt sie mit den Augen.

»Die Schule ist nicht zum Spielen da, Winzling«, sagt sie. »Da musst du still sitzen und lernen. Und jetzt ab ins Bett mit dir. Lass Mama in Ruhe ihren Film gucken und nerv nicht.«

»Nun red ihm keinen Unsinn ein, Lisa.«
Mama schüttelt den Kopf. »Natürlich wird in der
Schule auch gespielt. In den Pausen jedenfalls,
und bestimmt auch im Sportunterricht.«

»Auch Fußball?«, bohrt Philip nach. »Oder
›Mord im Dunkeln‹, wie an meinem Geburtstag,
als ich sechs geworden bin?«

»Bestimmt auch Fußball. ›Mord im Dunkeln‹
vielleicht nicht, denn in der Schule ist es ja hell.
Und Freunde findest du bestimmt ganz fix. In
deiner Kindergartengruppe hattest du doch auch
viele Freunde.«

»Ja, im Kindergarten!«, ruft Philip. »Da
kannte ich ja die anderen Kinder auch! Aber
hier in der Straße wohnt nur Gregor. Und der ist
schon acht.«

»Ihr habt schon ein paarmal so schön zusammen gespielt«, erinnert ihn Mama. »Und gleich
am ersten Tag, als wir hier eingezogen sind, hat
er dir alles gezeigt und ist mit dir zum Spielplatz
an der Ecke gegangen.«

»Weiß ich. Aber wenn seine großen Freunde kommen, ärgern sie mich. Gregor auch.«

»Umso schöner wird es, wenn du erst Freunde in deiner Klasse hast.« Mama wuschelt ihm durch die Haare, bis sie in alle Richtungen abstehen. » Ich bin sicher, dass du ganz schnell welche findest. Du bist so ein fröhliches Kind und machst immer Späße, das finden doch alle gut.«

»Meinst du wirklich?«, fragt Philip noch einmal. Er fühlt sich schon etwas besser. Deswegen steht er jetzt auch auf und springt ein bisschen auf dem Sofa herum. Man kann es gut als Trampolin benutzen.

»Ja. Und jetzt mache ich dir eine Tasse Milch warm, die hilft gegen die Aufregung. Morgen musst du wirklich ausgeschlafen sein.«

»Ich hab aber schon Zähne geputzt.«

Mama seufzt. »Dann spülst du deinen Mund hinterher noch mal ganz gründlich aus. Ausnahmsweise. Und jetzt komm mit in die Küche, Philip. Es ist wirklich schon spät.«

Die warme Milch hilft wirklich. Die Ameisen in Philips Bauch scheinen sich hinzulegen.

Als Mama ihm noch einmal Gute Nacht sagt, merkt Philip auch, wie seine Augenlider langsam schwerer werden. Aus dem Bad hört er Lisa unter der Dusche singen.

Einmal muss ich noch aufstehen und Mama fragen, ob sie auch an meine Schultüte gedacht hat, denkt er. Nur ganz kurz mache ich mal die Augen zu. Die Schultüte ist das Allerwichstigste. Mama und Papa dürfen nicht vergessen, sie ordentlich zu füllen. Gleich gehe ich sie fragen.

Aber dann ist Philip ganz schnell eingeschlafen. Zum Glück. Denn jetzt fängt gerade Mamas Liebesfilm an.

Am nächsten Morgen wird Philip ganz früh wach. Das ist an seinem Geburtstag auch immer so, egal wie spät er schlafen geht. Die Ameisen in seinem Bauch sind auch schon ausgeschlafen und veranstalten ein richtiges Sportfest. So kann er auf keinen Fall noch länger liegen bleiben! Also horcht er in den Flur, doch alles ist still. Viel zu still. Philip schleicht bis vor die Schlafzimmertür seiner Eltern und legt sein Ohr daran. Jetzt hört er doch etwas. Papa schnarcht, und zwar ziemlich laut. Und das an Philips erstem Schultag! So kann es nicht weitergehen. Philip drückt die Türklinke hinunter und wirft sich mit Indianergeheul auf Mamas und Papas Doppelbett.

»Aufwachen!«, ruft er und kriecht nach vorne, bis er genau zwischen den beiden Kopfkissen liegt. Mit dem Zeigefinger schiebt er Papas linkes Augenlid hoch. »Ihr dürft doch nicht verschlafen, ich muss gleich in die Schule!«

Papa gähnt. »Viel zu früh«, meint er. »Ich hab' gerade so was Schönes geträumt.«

Auch Mama lächelt verschlafen. »Es ist erst sechs Uhr«, sagt sie nach einem Blick auf ihren Wecker. »Um zehn beginnt die Feier in der Aula. Da haben wir noch ganz viel Zeit.«

Philip schlägt einen Purzelbaum auf dem Bett.

»Aber ihr müsst meine Schultüte noch packen! Das wollte ich euch gestern Abend noch sagen, aber dann … bin ich doch eingeschlafen.«

»Und das war auch sehr gut so«, bekräftigt Mama.

Aber dann steht sie doch auf. Philip saust in sein Zimmer zurück und steht kurz darauf schon fertig angezogen in der Küche. Dort duftet es bereits nach Kaffee und Kakao. Mama deckt den Frühstückstisch heute sogar mit dem feinen Geschirr, das sie sonst nur nimmt, wenn Besuch da ist.

Selbst Papa steht jetzt im Türrahmen und kratzt sich am Kopf.

»Das ist ja wirklich ein besonderer Tag heute«, meint er. »Muss ich mich denn auch rasieren?«

»Von mir aus nicht«, meint Philip, zieht Papas Kopf zu sich herunter und reibt seine Wange an den Bartstoppeln. Das kratzt immer so schön. Wenn Philip groß ist, lässt er sich auch Bartstoppeln wachsen.

»Doch«, widerspricht Mama.

Während Papa im Bad ist, klingelt es an der Tür. Davon wird Lisa wach und kommt in ihrem Snoopy-Nachthemd in die Küche.

»Na, Winzling«, sagt sie zu Philip. »Heute beginnt der Ernst des Lebens.«

»Mach ihm doch nicht immer Angst«,

ermahnt Mama sie. »Geh' lieber mal an die Tür, Oma und Opa kommen schon.«

Aber Philip ist als Erster an der Wohnungstür und reißt sie auf. Tatsächlich, die Großeltern sind da! Mit einer riesigen Schultüte, passend zum Ranzen!

»Guten Morgen, großes Schulkind!«, begrüßt ihn Oma und drückt ihm einen Schmatzer auf die Wange, den sich Philip jedoch gleich wieder abwischt. Opa reicht ihm die Schultüte und lacht. Philip kann sie kaum halten, so groß und so schwer ist sie! Am liebsten würde er sofort die blaue Schleife aufziehen und nachsehen, was alles drin ist. Aber leider weiß er, dass er das erst nach der Einschulungsfeier und dem Unterricht tun darf.

»Dann wollen wir mal los!«, sagt Mama nach dem Frühstück. »Zeigst du Oma und Opa deinen Schulweg, Philip? Wir haben ihn ja oft genug geübt.« So schnell hat sich Philip noch nie seine Schuhe angezogen. Eine Jacke braucht er nicht, denn es ist warm draußen. Ungeduldig wartet er, bis alle bereit sind aufzubrechen. Dann endlich ist es so weit. Papa nimmt den Hausschlüssel vom Haken und Philip setzt sich den Ranzen auf den Rücken. So richtig schwer ist er noch nicht. In dem Brief, den Mama von der Schule bekommen hat, stand, dass er heute nur eine Federtasche, Schere und Klebestift und ein Heft ohne Linien mitbringen soll. Darüber ist Philip fast ein bisschen enttäuscht.

»Lass nur«, meint Lisa. »Die Lehrer brummen dir bald so viele Bücher auf, dass du deinen Ranzen kaum noch tragen kannst.«

»Na und? Das macht mir doch nichts aus. Ich bin doch stark!« Philip spannt seine Oberarme an, damit Lisa seine Muskeln sieht. Die braucht er heute auch, denn die Schultüte ist wirklich sehr schwer.

Die Ameisen in seinem Bauch tanzen Rock'n' Roll, als sie endlich losgehen. Aber das braucht keiner zu wissen.

Am allerwenigsten Lisa, die sonst bestimmt wieder »Winzling« zu ihm sagt und angibt.

2. Das Mädchen in Rosa

Den Schulweg kennt Philip noch ganz genau.
Stolz geht er voran und zeigt Oma und Opa den
Weg. Zweimal müssen sie eine große Straße
überqueren, doch zum Glück gibt es einmal
eine Ampel und einmal einen Zebrastreifen.
So kann Philip ohne Gefahr auf die andere Seite wechseln. Je näher sie der Schule kommen, umso mehr andere Kinder mit Schultüten
sehen sie. Philip hat noch gar nicht gewusst,
dass so viele in seiner Nachbarschaft wohnen.
Aber Mama, Papa, er und Lisa wohnen ja auch
erst seit drei Wochen hier. Die Jungs schaut Philip besonders neugierig an. Vielleicht wird einer
davon sein Freund?

Vor dem hell gestrichenen modernen Schulgebäude steht ein Polizist. Er passt auf, dass die Eltern, die ihre Kinder mit dem Auto zur Schule fahren, nur an den Stellen parken, wo es erlaubt ist. Da hat er ganz schön viel zu tun. Immer wieder muss er Autofahrer ein paar Meter weiter schicken. Manche von ihnen schimpfen mit dem Polizisten. Dann dauert es noch länger, bis die Straße endlich wieder frei ist.

»Wie gut, dass du alleine gehen kannst, Philip«, sagt Opa. »Das sind ja Zustände! Der arme Polizist. Ich möchte nicht mit ihm tauschen.«

»Ich habe ganz viele Kinder gesehen, die fast denselben Weg haben wie ich«, bekräftigt Philip. »Gefahren werden ist was für Babys.«

Auf dem Schulhof herrscht dichtes Gedränge. Vor dem Haupteingang steht eine Frau in einer gelben Bluse und winkt die Schulanfänger mit ihren Familien hinein. Sie lacht Philip an und sagt »Hallo, junger Mann! Du hast aber einen schicken Ranzen! Ist der Hai bissig?«

Philip lacht zurück und will etwas antworten, doch schon wird er weitergeschoben. Es geht durch einen langen Gang und dann durch eine breite Doppeltür in einen großen Raum.

»Das ist die Aula, Philip«, sagt Mama. »Die Schulanfänger dürfen da vorn in den ersten Reihen sitzen. Auf der Bühne wird für euch gleich etwas aufgeführt. Danach rufen die Lehrerinnen ihre Klassen auf. Pass gut auf, dass du deinen Namen hörst!«

Philip sieht zu ihr hoch. »Und wo bleibst du? Und Papa, Oma, Opa und Lisa?«

»Wir sitzen weiter hinten. Wenn du nachher in deiner Klasse bist, warten wir draußen auf dich. Also, viel Spaß!« Mama nimmt ihm die Schultüte ab und gibt ihm noch einen Kuss. Die anderen lächeln ihm zu und winken. Sogar Lisa. Philip winkt zurück. Dann geht er nach vorn und findet einen Platz in der zweiten Reihe. Die Sitzbänke sind schon fast voll. Neben Philip sitzt ein Mädchen mit langen rotblonden Locken

21

und einem rosa Sommerkleid. Ob sie in seine Klasse kommt? Philip möchte sie gern fragen, wie sie heißt. Aber das Mädchen hat Tränen in den Augen und dreht sich immer wieder nach ihrer Mama um, die zwei Reihen weiter hinten sitzt. Dann wird es still im Saal. Die Frau mit der gelben Bluse kommt durch den Mittelgang nach vorn und tritt auf die Bühne.

»Liebe Schulanfängerinnen und Schulanfänger, liebe Eltern«, sagt sie in ein Mikrofon. »Ich begrüße Sie und Euch sehr herzlich zu unserer Einschulungsfeier.« Danach sagt sie noch, dass sie die Schulleiterin ist und Frau Buntrock heißt. Ein paar Kinder lachen über diesen lustigen Namen.

Frau Buntrock hält eine Rede. Am Anfang hört Philip noch zu, aber dann sieht er, dass das Mädchen in dem rosa Kleid neben ihm jetzt richtig weint. Tränen laufen ihr über die Wangen und aus ihrer Nase hängt ein durchsichtiger, glibberiger Faden. Philip überlegt, warum sie wohl weint. Vielleicht ist sie auf dem Schulhof hingefallen und hat sich wehgetan. Aber ihre Knie sehen überhaupt nicht blutig aus. Oder sie hat zu Hause einen Kanarienvogel, und der ist vielleicht heute früh aus dem Fenster geflogen und nicht mehr zurückgekommen. Da würde Philip auch weinen. Angestrengt überlegt er, wie er das Mädchen aufheitern kann. Vielleicht müsste er ihr einen Witz erzählen. Aber bestimmt fände Frau Buntrock das nicht so gut. Sie redet immer noch, und alle Erwachsenen passen genau auf, was sie sagt.

»Und jetzt möchten unsere Zweitklässler euch ein kleines Theaterstück mit Musik vorführen«, verkündet Frau Buntrock schließlich. »Ich wünsche uns allen viel Spaß dabei.« Dann tritt sie von der Bühne und bleibt neben der Tür stehen.

Erst jetzt bemerkt Philip, dass sich der lange blaue Vorhang bewegt, vor dem die Schulleiterin gestanden hat. Dahinter sind Stimmen zu hören, die leise reden und kichern. Von irgendwoher

erklingt leise Musik; Philip kennt das Lied
ganz genau. Es ist »Ein Vogel wollte Hochzeit
machen«. Das haben sie im Kindergarten auch
immer gesungen, bevor Philip hierhergezogen
ist. Dann geht der Vorhang auf. Viele Kinder, die
sich als Vögel verkleidet haben, flattern auf der
Bühne umher.

Auf einmal stutzt Philip. Der bunte Vogel
ganz vorne, der gerade mit dem Schnabel ein
Vogelweibchen küsst, das ist doch …

»Gregor!«, ruft er ganz laut und springt dabei
sogar von seinem Platz auf. »Gregor, du alte
Pupskanone!« Er hüpft auf und ab und winkt
dem Nachbarsjungen zu. Endlich ist hier jemand,
den er kennt! Philip hat gar nicht gewusst, dass
Gregor in dieselbe Schule geht wie er!

Aber Gregor guckt ihn nur ganz kurz an und
seine Augen funkeln richtig böse dabei. Dann
muss er dem Vogelweibchen einen Regenwurm
aus Wollfäden bringen. Von hinten, wo die Erwachsenen sitzen, ertönen zischende Geräusche,

fast als ob das Meer rauscht. Aber die Kinder ringsum drehen sich zu Philip um, lachen und lachen und können gar nicht mehr aufhören. Manche halten sich den Bauch und bekommen kaum noch Luft. Sogar das Mädchen neben ihm hat fast aufgehört zu weinen und lächelt ihn an. Nur ihre Wimpern glänzen noch ein klein wenig nass. Mit dem Ärmel ihrer rosa Strickjacke wischt

sie über ihre Nase. Nur zwei Mal schluchzt
sie noch ganz leise, dann ist alles wieder gut.
Irgendjemand dreht die Musik ein wenig lauter.
Das Meeresrauschen dagegen wird leiser und
hört schließlich ganz auf. Die anderen Kinder
schauen wieder auf die Bühne. Frau Buntrock
schaut zu Philip und hebt ihre Augenbrauen.
Vielleicht findet sie, dass man *Pupskanone* nicht
sagt.

Nach dem Theaterstück geht sie wieder nach
vorne. Drei Lehrerinnen stehen jetzt neben ihr.
Jede hält ein Blatt Papier in ihrer Hand.

»Nun ruft als Erstes Frau Schönwald die
Jungen und Mädchen auf, die in die Klasse
1a gehen werden«, verkündet Frau Buntrock.
»Passt also gut auf, liebe Schulanfänger, ob ihr
dabei seid. Wer seinen Namen hört, geht mit
dem Ranzen nach vorne zu Frau Schönwald. Sie
ist eure Lehrerin.«

Philip sieht sich Frau Schönwald genau an
und lauscht, ob er seinen Namen versteht. Die

26

Lehrerin gefällt ihm gut, und er hofft, dass er zu ihr in die Klasse darf. Frau Schönwald ist ungefähr so alt wie seine Mama und hat blonde Haare. Bei jedem Namen, den sie aufruft, blickt sie lächelnd die Reihen entlang, in denen die Schulanfänger sitzen. Ein Kind nach dem anderen steht auf und geht nach vorn zu ihr. Drei Jungen und zwei Mädchen drehen sich dabei zu Philip um und grinsen ihn an. Aber Philip scheint vergeblich warten zu müssen, dass er aufgerufen wird. Er muss schon ziemlich oft auf seinem Platz hin und her rutschen, weil ihm das Warten so lange erscheint. Mit dem Fuß versucht er, die vordere Bank noch etwas weiter nach vorn zu schieben, aber sie ist zu schwer.

Frau Schönwald ruft »Amelie Butz« und das Mädchen in Rosa steht auf. Aber sie geht nicht nach vorn, sondern bleibt vor ihrem Platz stehen, als hätte jemand ihre Schuhe festgeklebt. Philip sieht, dass sie ihre Unterlippe vorschiebt und schon wieder feuchte Augen bekommt. Er

überlegt, ob er noch einen Witz machen soll.
Das hat bei Amelie ja vorhin gut funktioniert.
Aber bei Frau Buntrock ist er sich nicht sicher
und deshalb lässt er es lieber.

»Komm nach vorne, Amelie!«, ruft Frau
Schönwald, und ein paar Mädchen, die auch
schon vorne stehen, winken sie zu sich heran.
Aber Amelie schüttelt den Kopf und bleibt
immer noch stehen. Aus ihren Augen stürzt jetzt
ein halber Wasserfall und die Nase läuft auch
schon wieder.

»Tja, dann … mache ich erst mal weiter, und
dich nehme ich nachher an die Hand, wenn
wir zu unserem Klassenraum gehen«, sagt
Frau Schönwald und schaut auf ihre Liste. Mit
dem Zeigefinger fährt sie bis ganz nach unten.
»Philip Rabe!«

Philip springt auf. »Das bin ich!«, brüllt er.
»Komm mit, Amelie, wir gehen in eine Klasse!«
Er nimmt Amelie beim Arm und tatsächlich
folgt sie ihm mit zögernden Schritten. Als sie

endlich vorne stehen, schlägt ihm ein Junge mit einer blauen Schirmmütze mit der Hand auf die Schulter. Er hat vorhin über die *Pupskanone* am lautesten gelacht.

»Hei, Kumpel«, sagt er. »Stellen wir uns zusammen auf?«

Aber Frau Schönwald bestimmt, dass Philip neben Amelie geht.

»Na dann kommt!«, sagt sie und setzt sich in Bewegung. »Gehen wir zu unserem Klassenraum!«

3. Die erste Schulstunde

Immer zu zweit gehen Philip, Amelie und die anderen Kinder hinter Frau Schönwald zum Ausgang der Aula. An der Tür dreht sich Philip noch einmal um und winkt seinen Eltern, den Großeltern und Lisa zu. Auch Amelie schaut nach ihrer Mutter und sieht dabei ein wenig ängstlich aus. Als Philip jedoch eine lustige Grimasse zieht, lächelt sie wieder.

Kurz darauf stehen sie alle vor einer bunt geschmückten blauen Tür. Eine große Sonne aus gelbem Papier ist darauf und in der Mitte steht: 1A. Diese Zahl und diesen Buchstaben kann Philip schon lesen. Er weiß, dass das A in Lisas Vornamen vorkommt, und auch in dem Wort

»Mama«. Die meisten anderen Kinder kennen das A auch.

Rings um die Sonne kleben lauter weiße Wolken an der Tür. Auf jeder Wolke steht ein Name. Sofort drängen sich die Kinder davor und suchen nach ihrem eigenen Vornamen, denn ihren Namen können fast alle schon lesen. Philip hat seinen im Kindergarten auf jedes selbst gemalte Bild geschrieben.

»Da bin ich!«, ruft er. »Woher weißt du denn, dass ich Philip heiße, Frau Schönwald?«, fragt er. »Ich habe dich doch noch nie gesehen!«

Auch die anderen Kinder staunen, als sie ihre Vornamen entdecken. Philip lernt, dass der Junge mit der Schirmmütze, der »Hei Kumpel« zu ihm gesagt hat, Niklas heißt. Alle blicken Frau Schönwald erwartungsvoll an.

»Frau Buntrock hat mir eine Liste gegeben, auf der alle eure Namen stehen«, erklärt die Lehrerin. »Und wenn wir jetzt in die Klasse gehen, findet ihr Namensschilder auf den Tischen. Ihr dürft ganz leise suchen, bis ihr euren Namen gefunden habt. Dort dürft ihr euch dann hinsetzen.«

Mit einem geheimnisvollen Lächeln öffnet Frau Schönwald die Tür. Die Kinder drängen hinein. Einige suchen gleich nach ihrem Schild und setzen sich an ihren Tisch. Philip jedoch bleibt mitten im Raum stehen und muss sich erst einmal umschauen, so gut gefällt es ihm hier. Die Wände sind in einem hellen Gelb gestrichen, bei dem er sofort an Bananeneis denken muss, denn das ist seine Lieblingseissorte. Ein paar Tierposter hängen daran, und auch ein Plakat mit den Buchstaben des Alphabets. In einem Regal mit ganz vielen Fächern steht ein Korb voller farbiger Magnete, an der hinteren Wand liegt eine bunte Matratze mit Kuscheltieren darauf. Auf dem Boden steht eine Kiste voller Holzbausteine und in einem weiteren Regal entdeckt Philip viele Bilderbücher und Spiele. Am liebsten würde er sofort mit Niklas in der Spielecke verschwinden und mit den Bauklötzen ein Zoogehege für die vielen Stofftiere bauen. Suchend blickt er sich nach ihm um. Niklas jedoch sitzt bereits an einem Tisch und sieht nach vorne zur Tafel, vor der jetzt Frau Schönwald steht. Fast alle Kinder haben inzwischen ihren Platz gefunden.

»Kann Philip neben mir sitzen?«, fragt ein Junge.

»Nein, neben mir, bitte, Frau Schönwald!«, rufen nun mehrere Kinder durcheinander. Philip sieht die Lehrerin hoffnungsvoll an und will schon den Vierertisch ansteuern, an dem Niklas sitzt. Ein Platz ist dort noch frei. Aber Frau Schönwald hält ihn zurück und schüttelt den Kopf.

»Philip, dein Namensschild steht auf dem Tisch neben Amelie«, sagt sie. »Ihr habt euch ja in der Aula schon ein wenig kennengelernt, da passt das ganz gut. Aber nun setz dich bitte hin und hänge deinen Ranzen an den Tisch. Mit unserer ersten Unterrichtsstunde wollen wir doch pünktlich beginnen, meinst du nicht?«

Langsam trottet Philip zu seinem Platz. Gegen Amelie habe ich ja gar nichts, denkt er. Aber wenn ich neben ihr sitzen muss, finde ich nie einen richtigen Freund. Mit Niklas ist es bestimmt viel lustiger. Aber wenn er jetzt neben einem anderen Jungen sitzt, will er in den Pausen bestimmt auch mit ihm spielen. Und ich muss mir die ganze Zeit ansehen, wie Amelie heult.

Missmutig hängt Philip seinen Ranzen an den Tisch. Mit dem Fuß stößt er ein bisschen dagegen, das kann Frau Schönwald ruhig sehen. So toll ist es in der Schule nun wirklich nicht, denkt er. Hoffentlich ist wenigstens nachher in der Zuckertüte was Gutes drin.

Dann singt Frau Schönwald der Klasse ein Lied vor, in dem alle Buchstaben vorkommen. Es handelt vom Lesenlernen.

Die Melodie begreifen die Kinder schnell und können beim zweiten Durchgang schon mitsingen. Frau Schönwald spielt Gitarre dazu, das gefällt Philip.

»Hast du auch eine Rockgitarre?«, fragt er, als das Lied zu Ende ist. Die anderen Kinder lachen.

»Ja, ich habe tatsächlich eine«, antwortet die Lehrerin und lacht ebenfalls. »Aber dazu braucht man einen Verstärker, und das wäre hier in der Schule viel zu laut. Da würden die Kinder in den anderen Klassen ja vor Schreck von den Stühlen fallen!«

Dann bittet sie die Kinder, ihre Federtasche und ihr Heft aus dem Ranzen zu holen. »Nun dürft ihr eure Schultüte malen«, sagt sie. »Das ist eine schwierige Aufgabe, weil ihr sie draußen bei euren Eltern gelassen habt. Sonst würdet ihr wahrscheinlich die ganze Zeit versuchen herauszufinden, was drinnen ist. Also, wer kann mir denn sagen, was auf seiner Schultüte zu sehen ist?«

Das ist ja popelleicht, denkt Philip und hebt die Hand. Aber Frau Schönwald nimmt nicht ihn, sondern sechs andere Kinder nacheinander dran.

»Mir fällt gleich der Arm ab«, stöhnt er. Doch sie scheint ihn nicht zu hören. Philip überlegt, ob er aus dem Löschblatt in seinem Heft eine Tröte formen soll, damit seine Stimme lauter klingt. Doch gerade als er nach dem Papier greift, sagt Frau Schönwald, dass sie leider nicht jedes Kind drannehmen kann, sonst würde die Zeit nicht reichen. Aber sie sollen alle noch einmal gründlich überlegen und dann anfangen. Sie sei auf die Bilder schon sehr gespannt.

Philip beginnt auch gleich. Als er den Hai auf seiner Schultüte fast fertig hat, blickt er auf Amelies Blatt. Sie malt natürlich eine rosa Schultüte mit Blumen und einem rosa Pony und rosa Katzen darauf. Ihre Federtasche ist auch rosa. Philip wundert sich, dass sie überhaupt Stifte in allen Farben darin hat. Aber malen kann sie gut. Ihre Katzen und Ponys sehen beinahe

echt aus und sie malt fast nie über den Rand.
So schön ist sein Bild nicht. Die Zähne des Hais
sind vielleicht ein bisschen zu klein geraten,
findet er, und im Hintergrund hat er zu viel Weiß
frei gelassen. Dafür ist er aber schon beinahe
fertig.

Zum Schluss lässt Frau Schönwald die Klasse
vorne vor der Tafel einen Stuhlkreis bilden. Es
dauert eine Weile, bis der Kreis gelungen ist und
niemand mehr mit seinem Stuhl auf dem Boden
scharrt.

»Nun spielen wir alle zusammen ein Spiel, bei
dem ihr die Namen eurer Klassenkameraden lernen könnt«, verkündet die Lehrerin. »Einem
Kind gebe ich diesen Ball hier. Dieses Kind sagt
seinen Namen, rollt ihn dann zu einem anderen
Kind und fragt: ›Und wie heißt du?‹ Los geht's«

Philip, wartet ungeduldig, bis er endlich an der
Reihe ist. »Ich heiße Philip, und wie heißt du?«
sagt er und rollt den Ball zu Niklas. Dessen Namen kennt er ja schon, aber das macht nichts.

Niklas rollt den Ball zu einem Mädchen, das Hala heißt, danach folgt ein Junge namens Tobias. Schließlich ist jedes Kind einmal an der Reihe gewesen. Ein paar Namen hat Philip sich merken können. Aber er hat auch ein wenig Angst, sie gleich wieder zu vergessen.

»Nun stellt ihr bitte eure Stühle wieder an eure Plätze«, fordert Frau Schönwald die Kinder auf. »Gleich klingelt es, denn unser erster Schultag ist schon vorbei. Ihr habt alle prima mitgemacht! Ich freue mich, euch am Montag wiederzusehen.«

Sie stellt sich an die Tür und gibt jedem Kind zum Abschied die Hand.

»Na, wie war es?«, fragt Papa und fängt Philip auf, als er nach draußen stürmt. Mama reicht ihm seine Schultüte, die er gleich an sich drückt wie einen wiedergefundenen Schatz.

»Naja«, antwortet Philip. »Besonders toll war es nicht. Ich muss neben einem Mädchen sitzen, das ganz schnell heult und einen Rosa-Fimmel hat. Frau Schönfeld nimmt mich nie dran, wenn ich mich melde. Und gelernt haben wir heute noch gar nichts. Nur ein Lied.«

»Du Armer!«, ruft Opa und hält sich seinen dicken Bauch vor Lachen. »Du kannst doch nicht alles gleich am ersten Tag lernen! Dann würdest du dich ja am Montag schon langweilen.«

»Hast du es gut, Winzling«, meint Lisa und lässt eine Kaugummiblase platzen. »Solchen Babykram möchte ich auch noch mal machen dürfen.«

Philip boxt sie gegen den Arm. »Das ist kein Babykram!«, schreit er. »Dafür gebe ich dir nichts aus meiner Schultüte ab!«

»Kinder!« Oma nimmt Philip an die Hand. »Wer wird denn am ersten Schultag streiten? Ich schlage vor, wir gehen jetzt schön nach Hause und die Oma kocht euch einen leckeren Einschulungs-Schokoladenpudding, oder? Hat jemand eine bessere Idee?«

»Au ja!«, jubelt Philip. »Aber mit Vanillesoße,

40

Oma! Und dann mache ich meine Schultüte
auf.«

4. Das packst du schon, Philip!

Am Montagmorgen wird Philip nicht von allein wach. Drei Mal kommt Mama an sein Bett und kitzelt ihn, doch er schläft tief und fest. Bis Lisa hereinkommt. Sie kitzelt ihren Bruder nicht sanft und lieb wie Mama, sondern reißt ihm die Decke weg.

»Aufstehen, Winzling!«, ruft sie und drückt einen nassen Waschlappen an seinen Hals.

»Die Schule ruft und die fängt ein ganzes Stück früher an als der Kindergarten. Sieh zu, dass du nicht gleich wieder auffällst! Das war bei der Einschulungsfeier schon peinlich genug, was du dir geleistet hast.«

Normalerweise hätte Philip sie jetzt getreten,

aber dazu ist er viel zu müde. Er gähnt und will sich die Bettdecke zurückholen, doch Lisa hält sie mit beiden Armen umklammert. Sie selbst ist schon fertig angezogen und gekämmt. Also bleibt ihm nichts anderes übrig, als aufzustehen. Immerhin duftet es aus der Küche nach leckerem Kakao. Und dann fällt ihm Niklas wieder ein, und Tobias und Amelie. Aber am meisten Niklas. Vielleicht kann er Frau Schönwald fragen, ob er doch neben ihm sitzen darf.

Als Philip sich gewaschen und angezogen hat, begegnet er Papa im Flur, der gerade zur Arbeit fahren will.

»Viel Spaß in der Schule, mein Sohn«, sagt er und hebt ihn hoch. »Bald kann ich dich bestimmt nicht mehr tragen, wenn du weiter so schnell wächst. Heute Abend musst du mir unbedingt erzählen, wie es war!«

Nach dem Frühstück fährt Lisa mit dem Fahrrad zum Gymnasium. Mama begleitet Philip. Schon von Weitem sehen sie, dass es heute auf dem Schulhof und vor dem Eingang noch voller als am Einschulungstag ist. Kein Wunder, denn jetzt sind auch die Kinder der anderen Klassen da. Philip hält Ausschau nach Gregor, doch er kann ihn nirgends entdecken.

An der Pforte, die den Gehsteig vom Schulgelände trennt, bleibt Mama stehen.

»Tschüs, Philip«, sagt sie und drückt ihn noch einmal kurz an sich. »Ich wünsch dir viel Spaß heute. Bin gespannt, was du an deinem ersten richtigen Unterrichtstag alles erleben wirst!«

Philip sieht sie mit großen Augen an.

»Kommst du nicht mit?«, fragt er. »Ich weiß doch gar nicht mehr, wo mein Klassenraum ist!«

Mama lächelt. »Den findest du schon«, meint sie. »Siehst du das Schild hier am Zaun?« Sie zeigt auf ein Plakat. Darauf ist ein Mädchen zu sehen, das mit seinem Ranzen auf dem Rücken auf das Schulgebäude zuläuft. Dabei blickt es zurück zu seiner Mutter. Beide winken einander fröhlich zu.

»Und was steht da drüber?«, will Philip wissen.

»Ab hier gehe ich allein«, liest ihm Mama vor. »Denn du siehst ja, Philip, wie voll es mit so vielen Kindern schon ist. Wenn jeder auch noch seine Eltern mitbringen würde, wäre in der Schule das reinste Chaos!«

»Trotzdem. Da sind auch andere Mütter vor der Schule. Wie soll ich meine Klasse denn finden?«

»Sieh dich erst mal um, ob du nicht andere Kinder aus deiner Klasse findest, dann geht ihr zusammen. Das Mädchen, das in der Aula neben dir gesessen hat, zum Beispiel. Sie ist doch leicht zu erkennen mit ihren hübschen Locken.«

»Du meinst Amelie. Naja.«

»Oder jemand anderes, du hast doch alle Kinder in der Klasse gesehen. Irgendjemanden erkennst du bestimmt wieder.«

»Und wenn nicht?« Philip greift nach Mamas Hand. Die Ameisen in seinem Bauch sind wieder da. Dieses Mal zwicken sie ihn ordentlich. Nicht einmal Niklas ist zu sehen.

»Dann fragst du eine Lehrerin oder einen Lehrer, wo die 1a ist. Jeder weiß doch, dass die Schulanfänger sich noch nicht richtig auskennen.«

»Und wenn ich keine Lehrerin treffe?«

»Du erinnerst dich doch noch daran, wie eure Tür aussieht, oder?«

Philip nickt.

»Siehst du. Und ich weiß noch, dass ihr keine Treppe hochgehen musstet, um zu eurem Klassenraum zu gelangen. Also gehst du einfach den Flur im Erdgeschoss entlang, bis du eure Tür gefunden hast. Das packst du schon, Philip. Meinst du nicht?«

Philip nickt. Noch einmal drückt er sein Gesicht in Mamas Jacke, dann spaziert er los. Genau wie das Mädchen auf dem Plakat.

Viel schneller als er gedacht hat, steht er vor der Klassentür der 1a. Doch er kommt kaum

hindurch. Lauter Mütter stehen davor, hängen die Jacken ihrer Kinder auf oder tragen den Ranzen in die Klasse. Einige umringen Frau Schönwald und reden mit ihr. Philip tippt eine der Frauen sachte am Arm.

»Entschuldigung«, sagt er viel zu leise. »Darf ich bitte mal vorbei?«

Im selben Moment klingelt es. Philip weiß, dass er sich jetzt wirklich beeilen muss. Am Einschulungstag hat Frau Schönwald gesagt, dass alle Kinder pünktlich kommen müssen. Aber die Frau rührt sich nicht vom Fleck. Erst jetzt sieht er, dass es Amelies Mutter sein muss. Auch sie hat rotblonde Locken, nur ihre sind kürzer. Sie hält Amelie fest umklammert und will sie gar nicht mehr loslassen. Ihre Augen schimmern feucht. Amelie schnieft und schluchzt und kann sich kaum beruhigen. Philip macht sich so dünn, wie er kann, und schlüpft an den beiden vorbei in die Klasse.

Frau Schönwald zwinkert ihm freundlich zu. Von seinem Platz aus sieht er, dass sogar Niklas' Mama da ist und ihrem Sohn die Schulsachen auspackt.

Von wegen Mütter sollen nicht in die Klasse gehen, denkt Philip, stützt seinen Kopf auf die Hände und zieht einen Flunsch. Das hat sich Mama bloß wieder ausgedacht. Gleich heute

Mittag werde ich ihr sagen, dass sie mir auch meinen Ranzen zum Tisch tragen soll, denkt er.

Noch einmal ertönt die Schulglocke. Allmählich wird es ruhiger. Die meisten Kinder sitzen auf ihren Plätzen. Frau Schönwald kommt herein. Im Gesicht ist sie etwas rot und sie japst ein wenig nach Luft. Doch als sie vorne steht, lässt sie ihren Blick über die Klasse schweifen und wünscht allen Kindern einen guten Morgen.

»Guten Morgen, Frau Schönwald«, antwortet die Klasse 1a im Chor. Erst jetzt richtet sich Niklas' Mutter auf und tritt dicht an die Lehrerin heran. Amelie schleicht in den Raum und wischt sich immer wieder mit dem Ärmel über die Augen.

»Ich wollte Sie bitten …«, beginnt Niklas' Mutter, »meinem Sohn im Rechnen zusätzliche Aufgaben zu geben. Ruhig etwas schwerere als den anderen Kindern, denn er ist hochbegabt. Und wenn er sich langweilt, kaspert er herum.«

»Heut sicher noch nicht«, antwortet die

49

Lehrerin geduldig. »Wir werden uns langsam an die spannende Welt der Zahlen herantasten. Dann sehe ich schon, was ich jedem einzelnen Kind zutrauen kann. Kommen Sie doch nächste Woche zum Elternabend! Dann können wir alles in Ruhe besprechen.«

Niklas' Mutter sieht nicht richtig zufrieden aus. Als sie die Tür hinter sich geschlossen hat, atmet Frau Schönwald tief durch.

»Ich freue mich, dass ihr alle pünktlich gekommen seid«, beginnt sie noch einmal. »Und ganz besonders freue ich mich heute über unseren Philip.«

»Über mich?« Philip zuckt zusammen. Gerade hat er sich überlegt, dass er unbedingt der beste Freund von Niklas werden muss. Und neben ihm sitzen. Denn dass er herumkaspert, wenn er Langeweile hat, ist bei Philip ganz genau so. Zusammen ist das bestimmt noch viel lustiger.

»Ganz richtig!« Frau Schönwald lacht. »Kann sich auch jemand denken, warum?«

Die Kinder überlegen angestrengt. Zuerst meldet sich Hala.

»Er hat ein schönes T-Shirt an«, vermutet sie.

»Heute hat Philip noch nicht dazwischengerufen«, erinnert sich Tobias.

»Am Samstag hat er Amelie getröstet«, meint ein Mädchen, auf dessen Namensschild *Vanessa* steht. Aber bei allen dreien schüttelt die Lehrerin den Kopf.

»Dann verrate es uns doch!«, ruft schließlich Niklas. Auch Philip selbst will unbedingt wissen, was Frau Schönwald so toll an ihm findet. Beinahe macht er sich in die Hose vor Aufregung.

»Philip ist ganz alleine in die Klasse gekommen«, verrät Frau Schönwald endlich. »So wie es sein soll. Ohne seine Mutti oder den Papa. War es schwierig für dich, uns zu finden, Philip?«

Philip spürt, dass er rot wird.

»Quatsch«, sagt er. »Das war doch hüpfeleicht. Immer geradeaus, und schon war ich da.«

»Super gemacht«, betont Frau Schönwald

51

noch einmal.«Und ich bin sicher, morgen schafft ihr anderen Kinder das auch. Oder was meinst du, Amelie?«

Amelie zieht die Nase hoch und zuckt mit den Schultern.

»Du kannst ja am Tor auf mich warten«, schlägt Philip vor.»Dann zeige ich dir den Weg.«

»Genau so könnt ihr es machen«, bekräftigt die Lehrerin.»Das ist doch hier keine Eltern-schule!«

Die Kinder lachen laut. Und dann setzen sich alle in den Stuhlkreis und erzählen, was sie in ihrer Schultüte gefunden haben.

5. Unterricht und große Pause

»Nun setzt euch bitte alle wieder auf eure Plätze«, sagt Frau Schönwald, nachdem alle Kinder mit Erzählen an der Reihe waren. »Wir wollen nun anfangen, Lesen zu lernen.«

Im Klassenraum entsteht Unruhe, alle scharren mit den Stühlen und reden durcheinander. Als die Lehrerin jedoch das Lied vom ABC anstimmt, singt jedes Kind mit.

»Wo kommen denn überall Buchstaben vor?«, fragt Frau Schönwald nach der letzten Strophe. Philip meldet sich und dieses Mal nimmt ihn die Lehrerin auch dran.

»In unseren Namen«, antwortet er.

»In Büchern«, sagt ein Mädchen namens Lina.

»Am Computer!«, weiß Niklas.

»Sehr gut«, lobt Frau Schönwald. »Heute geht es um den Buchstaben O. Wie sieht unser Mund aus, wenn wir ein O sprechen?«

Auch das wissen die Kinder ganz genau. Dann werden Wörter mit O genannt: Oma, Onkel, Ohr, Ofen. Anschließend darf jedes Kind auf einem Blatt Papier ein großes O mit Wachsmalstiften malen. Das ist gar nicht so einfach. Philips O bekommt einen spitzen Zacken, dabei hat er das gar nicht gewollt. Es sieht aus wie eine zerdrückte Eierpflaume, findet er. Doch er darf es auf der Rückseite noch einmal probieren. Das zweite O gelingt ihm etwas besser.

Philip stöhnt erleichtert, als es endlich klingelt. Nun ist kleine Pause. »Wer muss, darf jetzt zur Toilette gehen«, erinnert Frau Schönwald ihre Klasse. »In der Stunde solltet ihr das möglichst nicht tun. Es wird dadurch zu unruhig und ihr könntet etwas Wichtiges im Unterricht verpassen.«

Sofort stürmt fast die Hälfte der Klasse los. Auch Philip. Danach läuft er ein wenig durch den Klassenraum und landet schließlich zusammen mit Niklas bei der Kiste mit den Holzbausteinen. Doch gerade als sie genug Steine ausgeräumt haben, um mit dem Haus für die Kuscheltiere anzufangen, klingelt es erneut. Die zweite Stunde beginnt.

Alle sind überrascht, als Frau Schönwald verkündet, nun werde erst einmal gefrühstückt. Doch dann packen die Kinder ihre Brotdosen und Getränke aus und essen und trinken mit großem Appetit. Interessiert blickt Philip auf Amelies Tisch. In ihrer rosa Box hat sie nicht nur ein Vollkornbrot mit Käse und Gurkenscheiben dabei, sondern auch Kirschen und sogar zwei kleine Schokoriegel.

»Gibst du mir einen ab?«, fragt er beinahe schüchtern. »Wenn du willst, kannst du dafür meine Paprikastreifen haben. Grüne mag ich sowieso nicht.«

Auch andere Kinder tauschen miteinander. Nur Tom, der größte Junge von allen, sitzt ohne Pausenbrot an seinem Tisch.

»Was ist mit dir, Tom?«, fragt Frau Schönwald, als sie dies bemerkt. »Hast du keinen Hunger?« Tom schüttelt den Kopf. »Mir ist schlecht.«

»Hoffentlich spuckt er nicht auf den Tisch«, meint Philip. Ein paar Mädchen schreien »Iiiih« und halten sich die Nase zu. Dabei ist gar nichts passiert.

Frau Schönwald wirft Philip einen Blick zu, der ihn verstummen lässt. Dann wendet sie sich wieder an Tom.

»Hast du heute früh vielleicht zu viel gegessen? Beim Frühstück zu Hause?«

»Nein, ich habe noch gar nichts gegessen«, antwortet Tom leise.

»Dann *muss* dir ja schlecht sein«, meint die Lehrerin. »Komm, hol dein Brot heraus und stärke dich erst mal. Mit leerem Magen und einem trockenen Hals kann man doch nicht lernen!«

Tom rutscht in seinem Stuhl etwas nach unten. »Ich habe kein Brot dabei«, gesteht er. »Meine Mutter hat noch geschlafen, als ich losgegangen bin.«

Niklas meldet sich. »Ich kann ihm was abgeben!«, ruft er, noch ehe Frau Schönwald ihn aufgerufen hat. »Ich habe sogar vier Brote dabei!« Schnell steht er auf und legt ein Frischkäsebrot auf Toms Tisch. Philip hofft, dass Tom es mag, denn der hat gesagt, er sei ein guter Fußballspieler. Da braucht er bestimmt viel gesundes Essen.

Tom betrachtet das Brot erst von allen Seiten, dann beißt er hinein. Hala schiebt ihm ihre Trinkflasche hin. Auch Amelie steht auf und hält Tom ihre Gummibärchentüte hin. Hinterher sieht Philip, dass er sich alle roten herausgenommen hat. Er selber mag die roten auch am liebsten. Ihm gibt Amelie auch Gummibärchen ab, aber er kann sich nur noch weiße nehmen. Die mag er am zweitliebsten.

Jetzt sind endlich alle versorgt. Während die Kinder essen und trinken, liest Frau Schönwald eine lustige Geschichte vor.

»Geht es dir besser, Tom?«, will sie wissen, nachdem alle mit dem Essen fertig sind und ihre Brotdosen wieder in den Ranzen gepackt haben.

»Viel besser!« Tom strahlt und schiebt sich das letzte Gummibärchen in den Mund. »Können wir jetzt rechnen?«

Genau das hat Frau Schönwald mit ihrer Klasse vor. Philip freut sich, denn die Zahlen von eins bis zehn kennt er alle. Die findet er längst nicht so kompliziert wie Buchstaben. Zu Hause hat Papa ihm schon einmal gezeigt, wie man Zahlen schreibt, und bei Philip waren sie fast immer richtig herum. Niklas ruft, dass er schon bis 100 zählen kann.

»Meine Mama hat das mit mir geübt«, ruft er stolz. Philip schluckt. Bis hundert zählen kann er nicht. Hoffentlich findet Frau Schönwald deswegen nicht, dass er schlecht im Rechnen ist!

58

»Aha«, antwortet Frau Schönwald zu Niklas.
»Trotzdem fangen wir mit kleinen Zahlen an.
Wie viele Finger halte ich in die Höhe?«, fragt
sie und hebt ihre Hand.
»Drei!«, rufen die Kinder wie aus einem
Mund.
»Genau!« Frau Schönwald freut sich. Nun
malt sie kleine Mengen Kartoffeln, Bälle, Bon-
bons, Bleistifte und Äpfel an die Tafel. Die
Kinder sollen immer da, wo es jeweils drei
gleiche Gegenstände sind, einen Kreis drum
herum zeichnen. Alle wundern sich, als Niklas an
der Reihe ist.
»Du hast aus Versehen *vier* Kartoffeln einge-
kreist!«, meint Hala. Tatsächlich, Niklas hat sich
geirrt, obwohl er schon bis hundert zählen kann.
Aber die Lehrerin schimpft überhaupt nicht.
Deshalb hat auch Philip jetzt keine Angst mehr.
Frau Schönwald zeigt ihnen, wie sie mit dem
Finger die Zahl 3 in die Luft schreiben können.
So vergeht die Stunde wie im Flug.

»Jetzt ist große Pause!«, verkündet Frau Schönwald, als es erneut klingelt. »Wir gehen alle zusammen auf den Schulhof. Dort dürft ihr euch so richtig austoben und auf den Spielgeräten spielen, die ihr sicher schon längst gesehen habt.«

Es dauert lange, bis alle Kinder ihre Jacken angezogen haben. Vielen muss die Lehrerin helfen, den Reißverschluss oder die Knöpfe zu schließen. Amelies Schuhbänder sind aufgegangen, und

Tom lacht sie laut aus, weil sie noch keine Schleife binden kann. Philip ist froh, dass er heute früh die Sportschuhe mit dem Klettverschluss ausgesucht hat. So kann er gleich rausgehen.

»Gehen wir zusammen, Kumpel?«, fragt Niklas und pfeffert ihm wieder die Hand auf die Schulter. Philip strahlt. Nebeneinander stürmen sie nach draußen und steuern zielstrebig den hohen Kletterturm an.

»Wir spielen, dass wir Piraten sind!«, schreit Philip. Niklas klettert auch gleich in das Aussichtshäuschen und ruft, dass er am Horizont ein ausländisches Schiff sieht, das sehr nach Gold und Reichtum aussieht. Im Sand entwerfen sie einen Plan, wie sie das fremde Schiff kapern wollen. Niklas zeichnet sogar eine Schatzkarte in den Sand, damit sie das Gold später auch verstecken können.

»Wir müssen Geiseln nehmen!«, schlägt Philip vor. »Dann rücken die Feinde ihre Schatztruhe raus, wetten?« Schon schleicht er sich an Amelie

und Hala an, die ganz unten auf der Netzspinne sitzen und Glitzersticker tauschen. Amelie hat einen ganzen Bogen voll mit rosa Elfen drauf.

»Auaaa, Mann, spinnt ihr?«, zetern die Mädchen, als Philip und Niklas sie von hinten an den Schultern packen und auf ihr Piratenschiff verschleppen wollen. Aber als Amelie Philip sieht, lächelt sie ganz kurz.

»Gold oder Leben«, fordert Niklas. Hala sagt, dass sie nur Sticker haben und zeigt den Jungs ihre. Immerhin sind Urwaldtiere drauf, manche sind sogar goldfarben umrandet.

»Die nehmen wir«, entscheidet Philip. »Und meinetwegen auch eine rosa Elfe. Für unsere Frauen und Kinder, die auf der Südseeinsel geblieben sind.«

Die vier sind so in ihr Spiel vertieft, dass sie gar nicht merken, wie sich der Schulhof allmählich leert. Den Mädchen fällt zuerst auf, wie still es ringsum geworden ist.

»Au weia!«, ruft Hala. »Wir kommen zu spät!« Und schon zieht sie Amelie hinter sich her in Richtung Schulgebäude.

»Typisch Mädchen«, meint Niklas und kickt eine zerknüllte Bäckertüte in einen Abfallkorb. »Immer haben sie gleich Angst.«

»*Wir* beide müssten nebeneinandersitzen«, findet Philip.

»Komm, wir fragen Frau Schönwald, ob wir dürfen!«, schlägt Niklas vor. »Wenn wir es noch schaffen, bevor die Stunde anfängt, kann ich vielleicht gleich mit Amelie tauschen. Oder du kommst zu mir.«

Aber Frau Schönwald schüttelt den Kopf und lacht. »Ich kann mir vorstellen, dass ihr zwei das gerne möchtet«, sagt sie. »Aber Philip, du bist neben der ruhigen Amelie gut aufgehoben, glaube ich. Deine Späße wie am Einschulungstag in der Aula sind ja ganz lustig, aber mit Niklas zusammen wird es vielleicht zu viel. Wenn ihr in den nächsten Wochen lernt, gut mitzuarbeiten und niemanden abzulenken, können wir nach den Herbstferien mal darüber reden.«

Philip hält die flache Hand vor die Stirn.

»Aye aye, Sir«, sagt er. »Versprochen ist versprochen und du wirst auch nicht bestochen.«

»Fein! Dann sind wir uns ja einig«, freut sich die Lehrerin. »Aber nun geht bitte jeder von euch zu seinem alten Platz.«

6. Amelie und die rosa Mauer

Allmählich lebt sich Philip gut in der Schule ein. Morgens trifft er sich meistens mit Niklas auf dem Schulhof und zusammen schlängeln sie sich dann durch die Traube von Müttern vor dem Klassenraum. Dabei spielen sie immer, dass die Mütter Bäume sind und sie selber Hasen oder Füchse.

»Du musst auch mal ohne deine Mutter kommen!«, sagt er hin und wieder zu Amelie. »Dann kannst du mitspielen! Du könntest ein Reh sein, und wir tun so, als ob ein Jäger hinter uns her ist!«

Amelie antwortet nicht. Aber ein bisschen sieht sie so aus, als ob sie Lust dazu hätte.

Immer besser lernt Philip seine Klasse kennen.
Lam zum Beispiel, der aus Vietnam kommt,
hat die ersten Tage kein einziges Wort gesprochen. Nicht mit Frau Schönwald und auch nicht
mit den Kindern. Er hat auch nie mitgesungen,
wenn die Lehrerin ihre Gitarre geholt und ein
Lied angestimmt hat. Manchmal hat Philip ihn in
der kleinen Pause ein kleines bisschen geschubst
oder ist vor ihm herumgehampelt. Irgend-
was muss Lam doch mal sagen! Doch der blieb
immer still. Nur manchmal legte er seinen Kopf
auf den Tisch, als ob er weinte. Oder als ob er
die anderen Kinder gar nicht mehr sehen wollte.
Einige haben Lam dann ausgelacht. Philip auch.
Aber dann ist Frau Schönwald auf die Idee gekommen, Lam neben Hala zu setzen.

»Hala versteht ihn«, meinte sie, als sich Philip
beschwerte, dass Lam sich umsetzen darf und
er nicht. »Sie weiß noch genau, wie es ist, wenn
man aus einem fernen Land kommt und noch
kein Deutsch kann. Aber bei ihr ist das schon

länger her und jetzt spricht sie so schön. Sicher kann sie Lam helfen.«

Und das kann Hala wirklich. Seit einer Woche kann Lam nun kurze Sätze sprechen und versteht sogar manchmal, was er machen soll, wenn Frau Schönwald eine Aufgabe stellt. Gestern hat er in der kleinen Pause zum ersten Mal mit ein paar anderen Kindern »Vier gewinnt« gespielt.

Die Pausen sind sowieso das Beste am ganzen Schultag, findet Philip. Niklas und er spielen oft zu zweit oder mit mehreren Kindern aus ihrer Klasse und toben sich auf dem schönen Schulhof so richtig aus.

Auch der Sportunterricht gefällt ihm. Frau Schönwald bringt ihrer Klasse Laufspiele bei, lässt sie balancieren, klettern und die verschiedenen Turngeräte ausprobieren. Mit dem Ball oder dem langen Tau werden span-nende Wettspiele ausgetragen.

»Sport könnten wir von mir aus den ganzen

Tag haben«, sagt Philip zu Niklas. »Und danach immer große Pause.« Das findet Niklas auch. Überhaupt sind Philip und Niklas fast immer einer Meinung. Sie sind inzwischen richtige Freunde geworden. Wenn Frau Schönwald im Unterricht gerade etwas an die Tafel schreibt oder einem einzelnen Kind hilft, steht Philip manchmal auf und geht zu Niklas an den Tisch. Dann zeigt er ihm seine Sammelkarten. Oder er erzählt ihm den neuesten Witz, den Gregor ihm auf dem Schulweg beigebracht hat. Gregor kennt viele gute Witze. In den meisten kommen Wörter vor, die man eigentlich nicht sagen darf. Deshalb flüstert Philip seinem Kumpel Niklas alles ins Ohr. Ganz leise. Er formt mit den Händen sogar extra einen Trichter. Die anderen Kinder werden dadurch bestimmt nicht beim Arbeiten gestört. Aber Frau Schönwald schickt ihn trotzdem immer wieder auf seinen Platz. Philip findet, es wäre viel einfacher, wenn er neben Niklas sitzen dürfte. Dann müsste er nicht immer

extra hingehen, wenn er ihm etwas sagen will.
Das müsste die Lehrerin doch selber merken.
Aber manchmal kann Frau Schönwald ganz
schön stur sein.

Genau wie Amelie. Heute zum Beispiel
fragt er sie schon zum dritten Mal, ob sie ihm
einen Buntstift ausleiht. Die Klasse soll Obst
in Kisten zeichnen, immer vier Stück von jeder Sorte. In Philips Federtasche fehlen aber das
Grün und das Gelb. Gestern hatte er beide Farben noch, auch bei den Hausaufgaben waren
sie noch da. Er muss vergessen haben, sie ein-
zupacken. Das konnte er auch nicht, denn als
er noch mitten beim Schreibenüben war, fing
seine Lieblingssendung im Fernsehen an. Mama
war einkaufen, deshalb konnte er ungestört gucken. Hinterher gab es bald Abendbrot und
danach musste Philip ins Bett. Er war auch wirklich müde. Und heute früh hat er seine Federtasche, die noch auf dem Tisch lag, ganz schnell
zugeklappt und in den Ranzen gestopft. Aber

Grün und Gelb braucht er. Bei Obst sind das die wichtigsten Farben von allen.

Jetzt blickt Amelie gerade angestrengt aus dem Fenster. Sie hat schon Äpfel, Bananen, Pflaumen und Birnen gemalt. Immer vier in eine Obstkiste. Nur noch zwei Kisten sind bei ihr leer, dann ist sie fertig. Philip hat erst eine Kiste mit vier Nüssen. Sein Braun hat er ja mit.

Amelie überlegt und überlegt. Aber ihr scheint keine Obstsorte mehr einzufallen.

»Mal doch Erdbeeren«, schlägt Philip ihr vor.

»Ja, genau!«, ruft Amelie und strahlt. Dann greift sie nach ihrem roten Buntstift, beugt sich ganz tief über ihr Blatt und klemmt die Zunge zwischen ihre Lippen. Ganz, ganz langsam schwebt Philips Hand über dem Tisch auf ihre Federtasche zu, und schwupps – hält sie Amelies grünen Stift in der Hand. So schnell er kann, malt er vier Kreise in eine Kiste. Das sollen Äpfel sein. So schön wie die von Amelie sind sie zwar wieder nicht geworden, aber …

»Mann, Philip!«, meckert Amelie, reißt ihm den Stift aus der Hand und reckt auch schon ihren Arm in die Höhe. »Frau Schönwald, Philip nimmt mir immer meine Stifte weg!«

Die Lehrerin seufzt. Es war gerade so schön ruhig im Klassenraum gewesen. Flüsternd hat sie Tom darauf hingewiesen, dass er eine Apfelsine zu wenig gemalt habe. »Müsst ihr euch immer streiten?«, fragt sie, und ihre Stimme klingt ärgerlich.

»Ich habe mein Grün und mein Gelb vergessen«, gibt Philip kleinlaut zu. »Und dann habe ich Amelie gefragt, aber sie gibt mir nichts!«

»Philip, ich habe dir schon so oft gesagt, du sollst deine Arbeitsmaterialien vollständig dabeihaben!«, erinnert ihn Frau Schönwald. »Sonst kannst du doch deine Aufgaben nicht richtig lösen!« Dann blickt sie in der Klasse herum. »Wer kann Philip ausnahmsweise einen Buntstift borgen?«

»Ich!« Niklas reißt den Arm hoch und springt

so schnell von seinem Stuhl auf, dass dieser mit einem lauten Poltern umfällt. »Er kann auch neben mir sitzen und alle meine Stifte benutzen! Wir sind doch Kumpels, stimmt's, Philip?«

Philip nickt eifrig und auch Frau Schönwald schmunzelt. »Ihr wollt mich austricksen«, meint sie. »Aber Philip weiß genau Bescheid. Wir haben eine Vereinbarung getroffen und an die halten wir uns alle. Nicht wahr?«

Ein anderes Kind am Tisch von Amelie und Philip reicht ihm einen grünen Buntstift und der Unterricht kann weitergehen. Amelie baut mit

ihrer rosa Federtasche eine Mauer um ihren Arbeitsplatz, sodass Philip nicht mehr sehen kann, was sie macht. Ihre Stifte sieht er so auch nicht. Blöde Zimtzicke, denkt er. Von ihr will ich sowieso keine Stifte mehr. In der kleinen Pause hat sie auch wieder nur Tom ihre roten Gummibärchen abgegeben. Soll sie ihn doch gleich heiraten. Philip nimmt sich fest vor, mit Amelie kein Wort mehr zu reden.

Das erzählt er auch seiner Mutter, als sie ihn mittags von der Schule abholt. Aber so richtig beistehen will sie ihm auch nicht.

»Wenn du jeden Tag Amelies Sachen mitbenutzt, sind sie doch viel schneller verbraucht, als wenn sie sie für sich allein hätte«, meint Mama. »Außerdem kann leichter etwas verloren gehen, wenn die Arbeitsmaterialien von einem Kind zum anderen wandern. Und dann müssen Amelies Eltern neue kaufen. Oder willst du das von deinem Taschengeld tun?«

Philip schiebt die Unterlippe vor. »Mir sagst

du immer, dass man teilen muss. Von jedem minibisschen Süßigkeiten soll ich Lisa immer gleich was abgeben. Aber Amelie verteidigst du gegen mich.«

»Da hast du auch wieder recht«, gibt Mama zu. »Natürlich ist es wichtig, teilen zu können. Aber heute achten wir trotzdem darauf, dass du nach den Hausaufgaben alles einpackst. Dann kannst du doch viel besser arbeiten, als wenn du erst Amelie fragen musst, hast du das nicht auch gemerkt?«

Philip zuckt mit den Schultern. »Die frage ich sowieso nie mehr«, sagt er und tritt gegen ein weggeworfenes Trinkpäckchen. »Ich will nur neben Niklas sitzen.«

Ohne Niklas würde er sowieso nicht mehr in die Schule gehen. Das könnte Mama allmählich mal kapieren. Und Frau Schönwald auch.

7. Trau dich, Philip!

»Philip, nicht kippeln!«, mahnt ihn Frau Schönwald einige Tage später. »Du weißt, wie gefährlich das ist. Ganz leicht kann dein Stuhl nach hinten wegrutschen und du schlägst mit dem Kopf auf den Fußboden. Du wärst nicht der Erste, dem das passiert.«

Philip lässt seinen Stuhl nach vorn fallen, jetzt sitzt er wieder gerade. Die Klasse liest gemeinsam in der Fibel. In den ersten Wochen haben sie schon so viele Buchstaben gelernt, dass Frau Schönwald ihnen zeigen konnte, wie man diese zu Wörtern zusammenzieht. »O-m-a« zum Beispiel. Und »O-p-a«. Philip hat noch nicht verstanden, wie das geht, obwohl die Lehrerin immer wieder versucht, es so zu erklären, dass es alle begreifen. Er weiß es trotzdem noch nicht.

Amelie hat ihm gestern sogar eine ganze Seite in ihrem Heft gezeigt, die sie selber geschrieben hat. Zwei Bücher hat sie schon von vorne bis hinten gelesen. Obwohl darin Buchstaben stehen, die im Unterricht noch gar nicht dran waren. Richtig angegeben hat sie damit.

Und damit Philip sich nicht immer so ärgern muss, wenn er ins Buch schaut und nicht lesen kann, was da steht, wollte er eben zur Abwechslung ein bisschen kippeln. Nur ganz kurz.

»Dann kannst du ja gleich weiterlesen, Philip«, sagt Frau Schönwald. »Bitte sehr.«

Philip beugt sich über sein Lesebuch. Die Buchstaben tanzen wie Mücken vor seinen Augen. Verzweifelt versucht er, zu Amelie zu schauen, die jedes Wort mit dem Finger nachfährt. Aber hinter ihrer Federtaschen-Mauer kann er nicht erkennen, wo sie gerade ist.

Er erkennt das »a« und das »m«. »Oma«, liest

er. Er hat es einfach geraten. Dieses Wort kam ja schon so oft vor, dass Philip es auswendig weiß.
»Nein«, flüstert ihm Amelie zu. »Am!«
»Nicht vorsagen, Amelie!« Frau Schönwald runzelt die Stirn. »Philip muss das alleine lesen. Schade, dass du abgelenkt warst, Philip! Du möchtest doch verstehen, wie man beim Lesen Wörter bildet, oder?«

Philip zuckt mit den Schultern. Eigentlich findet er Lesen langweilig, aber das kann er zu Frau Schönwald kaum sagen. Erwachsene tun immer so, als wäre Lesen das Schönste auf der Welt. Mama zum Beispiel. »Wenn du in die Schule kommst, kannst du bald alle deine Bücher selber lesen«, hat sie im Sommer irgendwann gesagt. Als ob Philip das wollte. Er findet es viel schöner, wenn Papa ihm vorliest. Philip kuschelt sich dann so gerne an seinen Bauch und hört, wie es darin gluckert und rumpelt. Wenn die Geschichte von Piraten und Seeungeheuern handelt, kann er sich dabei alles genau vorstellen. Das könnte er beim Selberlesen bestimmt nicht.

Da findet er die große Netzspinne draußen auf dem Schulhof schon besser. Oder Sport. Rechnen geht auch noch. Oder Religion, da darf man oft malen. Aber was am Lesen so aufregend sein soll, begreift er wirklich nicht.

Vorsichtig schaut er Amelie von der Seite an. Sie war eben richtig nett zu ihm. Nie im Leben hätte Philip gedacht, dass sie ihm helfen würde. Sie hat sogar riskiert, dass Frau Schönwald sie ermahnt. Vielleicht ist sie doch nicht so bescheuert, wie er dachte.

Frau Schönwald kommt zu ihm und zeigt ihm die Stelle im Lesebuch, wo er weitermachen soll.

»Versuch es noch einmal«, sagt sie. »Sprich die Buchstaben, die du liest, hintereinander. ›O‹ und ›m‹, wenn du es hintereinander sprichst – was heißt das?«

Philip versucht, erst einmal ohne Stimme das

Wort zu bilden. Danach flüstert er es. Aber ganz sicher ist er sich nicht, ob er nicht wieder daneben liegt. So war es nämlich schon ein paar Mal.

»Ich glaube, du willst das Richtige sagen«, ermuntert ihn die Lehrerin. »Komm, Philip, trau dich. Lies laut!«

In der Klasse ist es jetzt ganz still. Die Kinder wissen, dass Philip beim Lesenlernen Schwierigkeiten hat. Einige wissen längst, wie das Wort heißt und heben ihren Finger.

»*Oma am Bus* heißt der Satz!«, ruft plötzlich Lam in die Klasse. Dann lacht er laut. Lam hat ganz schnell Lesen gelernt, zu Hause viel geübt und ist mächtig stolz darauf, dass er es nun so gut kann. Das Wort »Bus« ist als kleines Bild in den Satz eingefügt. Jetzt schnipst er sogar noch mit den Fingern und quiekt vor Ungeduld wie ein Ferkel, weil er unbedingt weiterlesen will.

Da reicht es Philip. Mit einer kräftigen Bewegung fegt er seine Fibel vom Tisch und schmeißt die Federtasche gleich hinterher. Die

Stifte, die wieder einmal lose drinlagen, fallen auf den Fußboden und purzeln durcheinander. Jetzt muss er auch noch alles wieder aufheben.

»Du Affe! Ich war mit Lesen dran!«, schreit Philip und will auf Lam zustürzen, um ihn kräftig zu boxen. Frau Schönwald jedoch packt ihn an der Schulter und hält ihn zurück.

»Nicht, Philip«, sagt sie. »Es war nicht richtig

von Lam, die Lösung hereinzurufen, noch dazu, wo du so dicht dran warst. Aber das ist kein Grund, ihn zu schlagen. Komm, heb deine Stifte wieder auf und lies einfach das nächste Wort. Das schaffst du schon.«

»Nein!«, brüllt Philip, nimmt seinen Bleistift und schleudert ihn durch den Klassenraum. »Ich lese überhaupt nicht mehr! Nie wieder!«

»Doch, Philip. Du hast schon so viel gelernt. Niemand kann gleich alles auf einmal! Jeden Tag kommst du ein bisschen weiter, genau wie alle anderen. Es geht eben nicht alles bei jedem gleich schnell.«

»Ich hab gar nichts gelernt!« Jetzt tritt Philip auch noch mit dem Fuß gegen den Tisch. Amelies rosa Bleistift rollt bis zum Rand und fällt zu Boden. »Nichts, nichts, nichts hab ich gelernt! Die Schule ist blöd!«

»Doch, Philip.« Frau Schönwald bleibt ganz ruhig. »Du hast Buchstaben und Zahlen gelernt, stellst dich im Sport prima an und hast gelernt, deine Arbeitsmaterialien in Ordnung zu halten. Jedenfalls einigermaßen. Und du hast Freunde gefunden. Auch das ist wichtig, denn Lernen ist ja nicht nur Lesen, Schreiben und Rechnen! Komm, verlier nicht den Mut.«

»Lam kann ihm ja beim Aufheben helfen«, schlägt Hala vor. »Schließlich war es seine Schuld, dass Philip so wütend geworden ist.«

»Machst du das, Lam?«, bittet ihn auch Frau Schönwald. Und tatsächlich steht Lam auf und hebt Philips Stifte auf. Sogar alleine, und Amelies rosa Bleistift auch. Dann streckt er Philip die Hand hin.

»Entschuldigung«, sagt er.

Philip überlegt, ob er die Entschuldigung annehmen soll. Eigentlich will er nicht. Lam hat ihn ausgelacht und so getan, als ob er alles besser weiß. Da ist er eigentlich fast sein Feind.

Aber ich hätte beinahe »Oma« richtig gelesen, denkt er. Vielleicht ist es ja doch nicht so schwer. Ein einziges kurzes Wort könnte er noch versuchen. Wenn es wieder nicht klappt, liest er wirklich nie mehr.

Philip macht zwar noch ein böses Gesicht. Lam soll bloß nicht denken, es wäre schon alles wieder gut. Und Frau Schönwald erst recht nicht. Die hätte mit Lam ja auch mal meckern können und nicht immer nur mit ihm. Gerade will er ihm trotzdem zögernd seine Hand hinstrecken, da meldet sich Hala.

»Ja, Hala, was ist?«, fragt Frau Schönwald. Ihre Stimme klingt etwas ungeduldig.

Hala räuspert sich erst einen Frosch aus dem Hals, ehe sie spricht. Diese Zeit nutzt Leon, der Kleinste und Jüngste von allen, um schnell zur Toilette zu flitzen. Meist schafft er es nicht, bis zur Pause zu warten. Noch immer blickt Frau Schönwald Hala abwartend an.

»Können wir nicht was spielen?«, fragt sie. Ihre braunen Augen erinnern Philip immer an Gregors großen, gutmütigen Hund, den er schon ein paarmal auf der Straße gesehen hat.

»Spielen?«, wiederholt Frau Schönwald. »Ihr glaubt wohl, ich belohn euch noch für dieses…« Aber dann überlegt sie und nickt schließlich. »Also gut«, sagt sie. »Spielen will ich zwar nicht, denn es hat gerade in der Fibel so gut geklappt. Aber ich glaube auch, dass ihr etwas Erholung braucht.«

Sie geht zum Fenster und reißt es ganz weit auf. Ein frischer Wind weht herein. Draußen wird es schon langsam Herbst. Von irgendeinem Baum weht ein dunkelrotes Blatt herein und bleibt auf dem Bücherregal liegen. Dann stellt sich Frau Schönwald ganz vorne hin, sodass alle Kinder sie gut sehen können.

»Steht auch von euren Plätzen auf«, sagt sie. »Wir lernen ein neues Lied, zu dem ihr euch auch bewegen könnt. Immer, wenn ihr das ›O‹ hört, springt ihr in die Luft, und beim ›A‹ geht ihr in die Hocke. Alles klar?«

Schon geht es los. Es ist gar nicht so einfach. Philip springt manchmal zu früh hoch und geht

84

zu spät in die Hocke. Oder er kommt ganz durcheinander. Aber Spaß macht es trotzdem, und er bekommt auch keinen Wutanfall mehr, wenn er etwas nicht richtig macht. Den anderen Kindern gelingt auch nicht jede Bewegung im richtigen Moment. Nicht einmal Lam oder Amelie. Als das Lied zu Ende ist, sind alle richtig außer Puste.

»Noch mal?«, fragt Frau Schönwald. Dabei japst sie selber und hat ganz rote Wangen.

»Jaaaa!«, rufen alle Kinder gleichzeitig. Beim zweiten Mal gelingt alles schon viel besser.

»Und noch einmal?«, will die Lehrerin wissen. Aber jetzt schütteln fast alle Kinder energisch den Kopf. Auch Philip.

»Auf keinen Fall«, sagt er und hechelt wie ein kleiner Hund.

Amelie greift nach ihrem Heft und fächelt sich Luft zu. Tom greift nach seiner Trinkflasche. Er hat Leitungswasser darin und gießt sich ein wenig über den Kopf. Ein Mädchen mit dunkel-

braunen Locken, das Chiara heißt, beißt unter
ihrem Tisch heimlich in einen Apfel.

»Einverstanden«, meint Frau Schönwald
und tut so, als hätte sie nichts gemerkt. »Dann
können wir ja weiterlesen, nicht wahr?«

Die Kinder sinken auf ihre Stühle.

»Nichts lieber als das«, stöhnt Philip und
verdreht die Augen. »Noch eine Kniebeuge, und
ich fall um!«

»Das wollen wir nicht riskieren«, lacht die
Lehrerin. »Und ich bin sicher, dass du es dieses
Mal schaffst. Amelie, zeigst du ihm, wo wir
stehen geblieben sind?«

Amelie zeigt es ihm. Sie baut dafür sogar
ihre rosa Mauer ab. Und das O am Anfang des
neuen Wortes erkennt Philip gleich. Danach
kommt ein »p«. Und zum Schluss ein »a«. O…
p…a, sagt er sich in Gedanken vor. Aber ob er
es wagen kann, dies auch laut vorzulesen?

»Na los«, sagt Lam, aber diesmal ganz
freundlich. »Trau dich, Philip!«

8. Philip gegen Tom

In der nächsten Stunde geht Frau Schönwald mit der Klasse in einen Park, der ganz in der Nähe der Schule liegt. Philip kennt ihn. Mit Mama und Papa war er schon ganz oft hier. Auf den Wegen kann man wunderbar Roller fahren, und einen Spielplatz und eine große Liegewiese gibt es auch. Weil die Sonne an diesem Vormittag noch recht warm scheint, dürfen sich erst einmal alle auf den Rasen setzen und picknicken.

»Sicher ist euch schon aufgefallen, wie viele verschiedene Farben die Blätter an den Bäumen jetzt im Frühherbst schon haben«, sagt Frau Schönwald, während die Kinder gemütlich kauen.

»Ja, sie sind rot!«, ruft Philip mit vollem Mund.

»Und gelb!«, weiß Lam zu berichten.

»Und manche sind rot *und* gelb!«, fällt Chiara ein. »Die finde ich am schönsten!«

»Später werden sie ganz braun«, seufzt Leon.

»Aber viele sind auch noch richtig grün!« Tom, der dicht neben einem Strauch sitzt, reißt ein grünes Blatt von einem Zweig und hält es in die Höhe.

»Spinnst du? Nicht abreißen!«, schreit ihn Amelie an. »Die Pflanzen wollen doch auch leben! Die haben auch Gefühle! Stell dir vor, da kommt einer und reißt dir einfach den Finger ab! Was würdest du denn da sagen?« Sie hat wieder Gummibärchen dabei, aber jetzt ist sie auf Tom so wütend, dass sie die Tüte dieses Mal zuerst Philip reicht. Schnell verschwinden gleich sechs rote Bärchen in dessen Mund. Tom funkelt ihn böse an.

»Auf jeden Fall liegen genügend bunte Blätter

zwischen den Bäumen«, meint Frau Schönwald und tut so, als habe sie den kleinen Streit nicht bemerkt. »Sobald ihr zu Ende gefrühstückt habt, dürft ihr herumstrolchen und so viele bunte Blätter aufsammeln, wie ihr tragen könnt. Aber bleibt immer schön hier in der Nähe, damit ich euch sehen und rufen kann!«

Eilig packen die Kinder wenig später ihre Brotdosen und Trinkflaschen in die mitgebrachten Rucksäcke. Dann geht es los. Philip rennt mit Niklas zu der riesigen Kastanie in der Mitte der Liegewiese. Dort finden sie nicht nur Blätter in einem herrlichen Dunkelrot und leuchtendem Gelb, sondern auch glänzende, dunkle Kastanien, die überall verstreut liegen. Beide Jungen stopfen sich damit ihre Jackentaschen voll, bis nicht eine einzige Kastanie mehr Platz hat.

»Komm doch heute Nachmittag zu mir«, schlägt Niklas vor. »Dann können wir zusammen was daraus basteln!«

Aber jetzt müssen sie Blätter sammeln. Frau

Schönwald hat gesagt, später im Klassenraum werden daraus tolle Bilder entstehen. Jedes Kind braucht mindestens fünf verschiedene Blätter. Also flitzen Philip und Niklas noch schnell zu einigen anderen Bäumen hin. Durch ihre schweren Jackentaschen können sie nicht ganz so schnell rennen wie sonst. Aber schließlich haben auch sie ihre »Beute« beisammen und sausen zu ihrer Lehrerin und den anderen Kindern zurück. Frau Schönwald zählt ihre Klasse durch. Erst als sie ganz sicher ist, dass niemand fehlt, gehen alle zusammen zurück zur Schule.

Im Klassenraum teilt Frau Schönwald große Bögen Papier aus. Die Kinder holen inzwischen ihre Wachsstifte aus den Regalfächern.

»Nun legt ihr eure gesammelten Blätter *unter* das Papier und malt mit einem Wachsstift darüber«, sagt sie. »Ihr könnt damit Figuren oder Tiere legen. Längliche Blätter eignen sich für die Beine, besonders große für den Körper, und rundliche für den Kopf. Passt dabei aber gut

auf, dass nichts verrutscht! Ihr werdet sehen, das sieht aus, als könntet ihr mit euren Stiften zaubern!«

Eifrig machen sich die Kinder ans Werk. Philip ist froh, dass die Schachtel mit den Wachsstiften im Regal gelegen hat, so konnte er sie nicht zu Hause vergessen. Er greift nach seinem roten Wachser und wählt ein Ahornblatt aus. Tatsächlich – alle Adern des Blattes treten deutlich hervor, sobald er mit dem Stift über die Stelle seines Papierbogens fährt, unter der das Blatt liegt!

»Guck mal, Amelie«, sagt er zu seiner Sitznachbarin. »Sogar die Ränder kann man erkennen!«

Aber Amelie hört kaum hin. Ganz tief beugt sie sich über ihr Bild und malt, ohne auf Philip zu achten. Philip legt seinen Wachsstift hin und sieht ihr eine Weile zu. Komisch, denkt er. Sonst sind Amelies Bilder immer viel schöner als meine. Aber dieses Mal kann man bei ihr gar nicht richtig erkennen, was das sein soll.

Jetzt rutscht ihr auch noch das ganze Papier weg und ihre selbst gesammelten Blätter liegen weit auseinander auf dem Tisch. Eines segelt sogar zu Boden. Ein dicker gelber Strich zieht sich über das ganze Bild. Philip sieht gleich, dass es jetzt ganz verdorben ist. Amelie wirft ihre Arme auf den Tisch, legt ihren Kopf darauf und weint.

Schon wieder, denkt Philip. Dabei kann sie ganz leicht noch mal von vorne anfangen. Frau Schönwald ist immer so nett, die gibt ihr bestimmt ein neues Blatt.

Da ist Frau Schönwald auch schon. Dicht neben Amelies Tisch geht sie in die Hocke und legt ihr den Arm um die Schultern.

»Wein doch nicht, Amelie«, sagt sie. »Es kann so leicht passieren, dass das Blatt bei dieser Aufgabe wegrutscht. Aber das ist doch nicht schlimm. Du hast bisher immer alles so prima hinbekommen.«

Aber Amelie hebt nicht einmal den Kopf, um Frau Schönwald anzusehen.

»Wirklich, Amelie, du musst nicht weinen!«
Auch Philip versucht, sie zu trösten. »Soll ich dir helfen?«

»Siehst du.« Frau Schönwald steht auf. »Komm, trockne deine Tränen, ich geb dir ein neues Blatt und du fängst gleich noch mal an. Vielleicht kann Philip dein Papier festhalten, er ist ja schon fast fertig. Was meinst du, Philip?«

Philip will antworten, doch Tom kommt ihm zuvor.

»Amelie ist ein Wasserfall«, sagt er. »Die heult ja bei jeder Kleinigkeit! Wie ein Baby.«

»Wasserfall«, wiederholen einige andere und kichern. »Oder sie ist ein Springbrunnen!«

»Tom, du bleibst bitte in der großen Pause bei mir«, sagt Frau Schönwald. »Und jetzt möchte ich nichts mehr hören. Malt eure Bilder fertig. Auf die Rückseite schreibt ihr noch eure Namen, bevor ihr sie mir abgebt.«

Tom ist gemein, denkt Philip und hält Amelies neues Blatt fest, so gut er kann, während sie malt. Dieses Mal verrutscht nichts. Als sie fertig sind, steht Philip auf und versucht, einen Blick auf Toms Bild zu erhaschen. Viel besser als Amelies erstes ist es nicht geworden, denkt er. Tom hat nur eine einzige Farbe benutzt und Amelie vier verschiedene. Er ist bloß wütend, weil er heute keine roten Gummibärchen von Amelie bekommen hat. Aber da braucht er sich gar nicht zu wundern, wenn er sie auslacht. Und im Park war er auch schon so grob.

Kurz darauf klingelt es. Wie immer geht Philip mit Niklas in die Hofpause, und wie immer sind sie bei den Ersten, die nach draußen stürmen. Heute wollen sie sich ein Fußballtor ergattern, denn Niklas hat einen Softball mitgebracht. Doch es sind schon größere Jungen da und haben alle Tore besetzt. Ratlos überlegen sie, was sie tun können.

Plötzlich sieht Philip, wie Tom über den Schulhof kommt. Allein, denn er musste ja länger bei Frau Schönwald bleiben. Tom beißt in eine doppelte Scheibe Weißbrot, das mit einem Schokokuss belegt ist. So ein leckeres Pausenbrot hätte Philip auch gern einmal. Mama gibt ihm nur immer was mit Frischkäse und Gurkenscheiben drauf. Wenn er selber keinen Hunger hat, schenkt er es manchmal Amelie. Oder eben Tom, der meistens gar nichts hat. Heute hat er was. Und da könnte er ihm ruhig auch mal ein Stück abgeben.

Aber Tom schiebt sich gerade das letzte Stück in den Mund. Dann entdeckt er Amelie, die mit den anderen Mädchen »Himmel und Hölle« spielt.

»Wasserfall, Wasserfall!«, ruft er und springt um die Mädchen herum. Hat Frau Schönwald ihm etwa doch nicht gesagt, dass er so etwas nicht mehr sagen soll?

»Ist der blöd«, sagt Niklas. »Den lade ich nicht zu meinem Geburtstag ein!«

»Ich wollte eigentlich«, antwortet Philip. »Weil er so gut Fußball spielen kann. Aber wenn er so gemein ist – nie im Leben! Los, komm, den verkloppen wir!«

Schon stürmt er los. Im Nu ist er bei Tom angekommen und stürzt sich auf ihn.

»Attacke!«, schreit er und stellt Tom ein Bein, sodass er zu Boden fällt. Blitzschnell setzt sich Philip auf seinen Bauch und boxt ihm auf die Brust und in die Seiten. Und das, obwohl Tom bestimmt einen halben Kopf größer ist als er. Aber Tom ist stark und dreht sich herum. Ineinander verkrallt wälzen sich beide im Sand. Niklas und die Mädchen bilden einen Kreis um sie und sehen zu.

»Phi – lip, Phi – lip!«, rufen sie immer wieder.

Philip ist ganz außer Puste. Er merkt, dass er nicht mehr lange kämpfen kann. Wenn seine Kräfte nachlassen, gewinnt Tom. Und dann wird der nie mehr aufhören, andere zu ärgern.

Aber da wird Philip plötzlich von oben am Kragen gepackt und hochgezogen. Tom liegt noch immer auf der Seite und blickt aufwärts.

Auch Philip dreht sich um. Ein Lehrer, den er noch nie gesehen hat, sieht ihn böse an.

»Du meinst also, dass du dich prügeln musst, ja?«, meint er. »In welche Klasse gehst du denn?«

»In die 1a, bei Frau Schönwald«, antwortet Philip, rappelt sich hoch und klopft sich den Dreck von der Hose. Amelie lächelt ihn an. Der Lehrer lässt ihn los.

»Bei Frau Schönwald«, wiederholt er. »Dann gehen wir am besten gleich mal zu ihr. Sie wird sich freuen.«

Oh nein, denkt Philip. Hoffentlich geht das gut!

9. Amelie ist kein Wasserfall!

Frau Schönwald seufzt, als Philip und Niklas vor ihr stehen.

»Philip«, sagt sie. »Meinst du nicht, Tom hätte auch anders verstanden, was du von ihm willst? Hauen ist doch keine Lösung.«

»Er hat Amelie schon wieder ausgelacht und *Wasserfall* zu ihr gesagt«, verteidigt sich Philip. »Obwohl sie ihm immer Gummibärchen abgibt.«

»Aber jetzt weint Tom«, erwidert Frau Schönwald. »Du hast ihm wehgetan und wütend ist er auch.«

»Dann ist er selber ein Wasserfall.« Philip stemmt seine Hände in die Seiten.

»Und jetzt? Was glaubst du, was Tom jetzt machen wird?«, fragt die Lehrerin.

Niklas, der neben Philip steht, schnappt nach Luft.

»Der hat Rache geschworen!«, ruft er. »Der will Philip jetzt auch verkloppen! Ich habe genau gehört, wie er das gesagt hat!«

»Und so geht es dann immer weiter! Kinder, wir sind doch kein Boxverein!«

Da müssen Philip und Niklas lachen. Aber Philip spürt, dass es ihm mulmig im Bauch wird. Frau Schönwald geht mit ihm und Niklas in die Klasse. Die große Pause ist zu Ende. Dann kann Tom erst mal nichts machen, denkt Philip.

Die Lehrerin beginnt auch gleich mit dem Unterricht. Philip versucht, besonders gut mitzuarbeiten, damit Frau Schönwald schnell wieder vergisst, was er angestellt hat. Denn erst hinterher ist ihm eingefallen, dass er nun bestimmt nicht so bald neben Niklas sitzen darf. Nicht wenn er andere Kinder verprügelt.

100

Dafür ist Amelie noch netter zu ihm als vorher. Sogar mitten in der Stunde bietet sie ihm von ihren Gummibärchen an, heimlich, als Frau Schönwald sich gerade zur Tafel dreht. Er muss sie ganz vorsichtig und langsam lutschen, damit Frau Schönwald nichts merkt. Nach einem Gummibärchen hört er aber von selber wieder auf und spart sich den Rest für die Pause. Noch mal darf Frau Schönwald ihn heute nicht erwischen. Er wundert sich, warum sie überhaupt nicht mehr schimpft. Weder mit ihm noch mit Tom. Aber vielleicht macht sie das ja später noch, überlegt er. Vielleicht denkt sie sich erst noch eine Strafe aus.

Aber nichts passiert, bis der Schultag zu Ende ist und alle Kinder in den Hort oder nach Hause gehen.

Am Nachmittag besucht ihn Niklas zu Hause. Weil es regnet, können sie nicht nach draußen gehen. Dafür spielen sie ganz lange mit Philips großer Ritterburg. Dann kommt Mama vom

Einkaufen zurück und hilft ihnen, Tiere und Figuren aus den Kastanien zu basteln, die sie vormittags im Park gesammelt haben. Damit spielen sie anschließend, bis Niklas abgeholt wird.

»Na endlich«, stöhnt Philips große Schwester Lisa, als Niklas weg ist. »Zwei solche Sirenen wie dich kann ja kein normaler Mensch aushalten.«

»Das sagst du nur, weil du nicht so einen guten Kumpel hast«, erwidert Philip. »Du hockst immer nur am Computer. Voll langweilig.«

»Streitet nicht, sondern helft mir lieber, den Abendbrottisch zu decken. Papa kommt gleich!«, sagt Mama und drückt Philip einen Stapel Teller in die Hand. »Ich finde es auch schön, dass du so gute Freunde gefunden hast. Und erst hattest du solche Angst, keine zu finden.«

Trotz des schönen Nachmittags braucht Philip an diesem Abend lange, bis er einschlafen kann. Die Prügelei mit Tom sitzt noch in seinem Bauch wie eine harte Murmel. Als er endlich schläft, träumt er lauter verrücktes Zeug und will am nächsten Morgen gar nicht aufstehen.

»Nur noch heute, Philip«, ermuntert ihn Mama und streicht ihm übers Haar. »Ich weiß, die ersten Wochen in der Schule waren anstrengend für dich. Aber morgen fangen die Herbstferien an! Da schaffst du diesen einen Tag auch noch, meinst du nicht?«

Viel langsamer als sonst macht sich Philip auf den Weg. Er weiß nicht, was ihm blüht, wenn er Tom begegnet, und auch nicht, wenn Frau Schönwald in die Klasse kommt. Das Beste wäre, sie würde gar nicht kommen. Überhaupt fragt er sich langsam, warum sie eigentlich immer da ist. Lisas Klassenlehrer ist schon öfter krank gewesen. Dann lag sie immer schon auf ihrem Bett und hat ferngesehen, wenn Philip aus der Schule kam. Aber Frau Schönwald ist leider immer gesund.

Am Schulhofeingang trifft er Amelie. Das ist gut, denkt er. Wenn er mit Amelie zum Klassenraum geht und Tom trifft, traut der sich vielleicht nicht, ihn zu verkloppen. Denn er weiß ja, dass Amelie auf Philips Seite ist. Aber Amelies Mutter ist schon wieder dabei und das ist ein Problem. Da könnte Tom vielleicht petzen. Und so wie die Mutter immer Amelie festhält, bevor sie sie in die Klasse gehen lässt, will sie bestimmt nicht, dass ihre Tochter mit einem Kind befreundet ist, das andere haut. Deshalb wäre es besser, wenn Amelies Mutter jetzt geht.

»Hallo, Amelie«, sagt er deshalb. »Heute passe ich auf, dass keiner mehr zu dir *Wasserfall* sagt. Das war gestern richtig gemein von den anderen.«

»Wasserfall?«, wiederholt Amelies Mutter und bleibt stehen. Genau vor dem Schild, wo drauf steht: *Ab hier gehe ich allein.* Vielleicht wird das heute ein Glückstag, denkt Philip. Den könnte er jetzt auch wirklich gebrauchen.

»Wer hat Wasserfall zu Amelie gesagt, und warum?«

»Ein paar Kinder«, antwortet Philip und blickt Amelies Mutter ganz kurz an und dann auf seine Schuhspitzen. »Weil sie manchmal weint, wenn ihr was nicht gelingt, und wenn … naja, weil Sie immer noch mit zur Klasse kommen.

Da lachen die anderen Kinder über Amelie und dann weint sie auch. Deshalb sagen sie *Wasserfall* zu ihr.«

Amelies Mutter sieht ihn erschrocken an. »Wirklich … also so ist das … Amelie, davon hast du mir ja noch gar nichts erzählt!«

Amelie zuckt mit den Schultern. So richtig glücklich sieht sie noch nicht aus. Aber Philip nimmt sie am Ellbogen und zieht sie ein ganz kleines Stück von ihrer Mama weg.

»Naja …«, sagt die Mutter, »also dass du ausgelacht wirst, das wollen wir ja nicht … meinst du denn, du kannst das letzte Stück mit Philip gehen, Süße?«

»Muss sie ja«, kommt Philip Amelie zuvor und zeigt nach oben. »Deswegen ist das Schild da.«

Amelies Mutter tut so, als ob sie es zum ersten Mal sieht. »Ab hier gehe ich allein«, liest sie vor. »Also gut, wenn das so ist …«

Philip zieht Amelie noch ein Stück weiter. Mit der anderen Hand winkt er ihrer Mutter zu.

106

»Tschüs, Frau Butz!«, ruft er. »Ich passe schon auf Amelie auf.« Er sieht, dass auch Amelie zaghaft ihre Hand hebt. Und die Mutter bleibt tatsächlich stehen und sieht ihnen nach.

»Komm, Amelie!«, ruft er schnell und geht in Startposition wie die Läufer bei der letzten Olympiade. »Wer zuerst in der Klasse ist! Wetten, ich gewinne?«

10. Ein Glückstag für Philip

Ganz außer Puste kommen Philip und Amelie
im Klassenraum an. Tatsächlich ist Philip ein
bisschen schneller gerannt als sie. Frau Schönwald ist schon da und stellt ganz viele Namensschilder um. Sonst ist es noch ziemlich leer im
Flur und in der Klasse.

»Nanu, was ist denn mit euch los?«, fragt die
Lehrerin, als sie die beiden erblickt. »Ihr habt es
aber eilig! Ist etwas passiert?«

Philip strahlt sie an. »Fällt dir nichts auf?«

Frau Schönwald blickt zwischen ihm und
Amelie hin und her. Sie überlegt, schaut sie noch
genauer an, überlegt wieder.

»Nein«, sagt sie schließlich. »Keiner von euch

hat sich die Haare lila gefärbt oder das Gesicht grün angestrichen.«

»Rate mal!« Philip lässt nicht locker. Amelie und er grinsen sich an und prusten auf einmal los. Amelie zeigt zur Tür.

»Jetzt weiß ich es!«, ruft Frau Schönwald. »Du bist ganz allein hereingekommen, ohne deine Mutter! Das finde ich super, Amelie! Wie hast du das nur so plötzlich geschafft?«

Amelie zuckt mit den Schultern. »Philip hat das geschafft. Er hat mich einfach hinter sich hergezogen. Wie eine Lokomotive.«

»Dann kann ich auch Philip loben«, stellt die Lehrerin fest. Nach und nach kommen jetzt auch die anderen Kinder herein. Frau Schönwald stellt noch ein paar Namensschilder auf. Ein wenig verwirrt suchen alle nach ihren neuen Plätzen. Den eigenen Namen kann jedes Kind lesen. Die meisten jubeln, als sie ihren neuen Sitznachbarn gefunden haben. Nur Philip und Amelie stehen immer noch vor Frau Schönwald.

»Philip«, sagt diese und legt ihm die Hand auf die Schulter. »Für dich habe ich mir auch etwas überlegt. Du möchtest ja schon so lange neben Niklas sitzen …«

»Ja!«, schreit Niklas, der soeben als einer der Letzten hereingekommen ist. »Dürfen wir, Frau Schönwald? Dürfen wir endlich? Bitte!«

»Genau das meine ich.« Frau Schönwald nickt. »Philip hat so gute Fortschritte gemacht, dass ich glaube, wir können es versuchen. Erst mal für heute, und wenn das klappt, kann es nach den Herbstferien so weitergehen. Na, was sagst du nun, Philip?«

Philip sagt gar nichts. Er bleibt stehen, als wären seine Schuhe mit dem Fußboden verwachsen. Nacheinander sieht er Frau Schönwald und Niklas an. Und Amelie.

»Los, komm rüber, Philip!«, ruft Niklas. Er steht hinter seinem alten Stuhl und hat noch gar nicht gemerkt, dass Frau Schönwald eine neue Sitzordnung eingeteilt hat. Aber Philip rührt sich noch immer nicht. Dafür baut sich Tom vor Frau Schönwald auf.

»Wieso kriegt der eine Belohnung?«, will er wissen. »Gestern in der großen Pause hat er mich verprügelt, und jetzt darf der …«

Philip räuspert sich. »Ich will …«, beginnt er. »Also eigentlich … ist es ja neben Amelie auch ganz gut. Beim Lesenlernen und so. Und wenn die anderen sie ärgern.«

»Da hast du recht«, meint Frau Schönwald. Dann erzählt sie der Klasse, was Philip und Amelie heute früh zusammen geschafft haben. Die Klasse klatscht laut. Amelie wird ein bisschen rot.

»Trotzdem«, findet Tom. »Mich hat er gestern verhauen und dafür darf er auch noch neben seinem besten Freund sitzen. Dann will ich das auch.«

»Nun warte doch ab«, versucht ihn die Lehrerin zu beruhigen. »Ich bin ja noch nicht fertig.« Sie zeigt auf einen leeren Platz. »Philip, welcher Name steht hier? Kannst du das lesen? Die Buchstaben hatten wir alle schon, du musst sie nur zu einem Wort zusammenziehen.«

Philip betrachtet das Schild und überlegt. Der Name ist schön kurz und es kommen ein »m« und ein »o« drin vor. Wie bei »Oma«. Ganz vorne steht ein »T«.

»T…o…m«, liest er vor. »Tom! Darf der jetzt etwa neben Amelie sitzen?«, fragt er und sieht Frau Schönwald mit großen Augen an.

»Warum nicht?« Sie zwinkert ihm zu. »Aber sieh mal auf die beiden Plätze gegenüber.«

Philip blickt auf die Stelle, zu der die Lehrerin gezeigt hat. Sein eigenes Namensschild steht genau gegenüber von Toms Platz. Daneben steht noch eines, das er nicht lesen kann.

»Wer sitzt hier?«, will er wissen. Gleich darauf meldet sich Lam und bietet an, ihm zu helfen.

»Da steht Niklas drauf«, bemerkt er schnell.

»Philip, Niklas und Tom sollen an einem Tisch sitzen? Aber die sind doch Feinde!«

»Das ist vielleicht ein bisschen übertrie-
ben.« Frau Schönwald lächelt. »Ich habe ja
mit allen gesprochen, und ich glaube, eigentlich mögen sich die drei Rabauken ganz gerne.
Und am besten lernt ihr an einem gemeinsamen
Vierertisch, miteinander auszukommen. Amelie,
bist du einverstanden, wenn die drei jungen
Herren dir Gesellschaft leisten?«

»Meinetwegen«, antwortet Amelie. Sie stellt
ihren rosa Ranzen unter den Tisch. Philip linst
nach ihrer Gummibärchentüte, aber sie scheint
keine dabeizuhaben. Noch etwas zögernd setzt
er sich auf seinen Platz. Er weiß noch nicht, ob
ihm eine richtige Strafe nicht lieber gewesen
wäre, als mit Tom an einem Tisch zu sitzen. Aber
immerhin ist Niklas jetzt da. Und Amelie.

Gleich darauf beginnt der Unterricht. Erst
jetzt wird Philip so richtig klar, dass er eben
ein Wort gelesen hat, das er vorher noch nicht
kannte. Den Namen Tom. Es war ganz leicht.
Nun ist Rechnen an der Reihe. Darin ist er zwar

nicht ganz so gut wie Niklas oder Lam. Auch Hala kennt sich mit Zahlen besser aus als Philip. Trotzdem kann er sich jetzt erst einmal entspannen. Er hat es geschafft, Amelie ohne ihre Mutter in die Klasse zu lotsen, und er darf endlich neben Niklas sitzen. Da wird er das Lesenlernen wohl auch noch hinkriegen. Und sich mit Tom vertragen. Jedenfalls meistens.

In der Pause drängen sich ein paar Mädchen um Amelie.

»Schade, dass du nicht neben mir sitzen kannst«, sagt Hala zu ihr. »Hast du wirklich nicht geheult, als deine Mama nach Hause gegangen ist?«

Amelie schüttelt heftig den Kopf. »Ich weine nicht mehr«, antwortet sie. »Und meine Mama auch nicht.«

Alle Kinder lachen. Dann erzählt Amelie, dass sie sowieso kein kleines Kind mehr sei. Sondern sogar bald eine große Schwester.

»Mama bekommt nämlich ein Baby«, sagt

sie stolz. »Am meisten wünsche ich mir einen kleinen Bruder.«

Der Rest des Schultages vergeht friedlich. Philip und Tom schneiden sich gegenseitig noch ein paar Grimassen, wenn Frau Schönwald nicht hinsieht. Beide sehen dabei aber so dumm aus, dass sie vor Lachen fast unter den Tisch fallen. Fast zu schnell geht der Vormittag vorbei. Die Kinder sind ganz überrascht, als ihnen Frau Schönwald plötzlich schöne Ferien wünscht.

»Ich hoffe, wir sehen uns alle in zwei Wochen gesund wieder«, sagt sie. »Bisher hat es mir mit euch sehr viel Spaß gemacht.«

Ein wenig nachdenklich geht Philip neben Niklas nach draußen.

»Endlich Ferien«, jubelt dieser und wirft seinen Ranzen in die Luft. »Das wurde aber auch Zeit.

»Ich freu mich auch«, antwortet Philip. »Aber hoffentlich muss ich mich in den Ferien nicht langweilen. Kein Tom, keine Amelie, kein Lam, keine Frau Schönwald …« Er dreht sich noch einmal um und blickt zurück zum Schulgebäude. »Den Kletterturm werde ich vermissen und die Netzspinne auch.«

»Aber mich musst du nicht vermissen, Kumpel!«, ruft Niklas und klatscht ihm die Hand auf die Schulter. Genau wie am allerersten Schultag. Es kommt Philip so vor, als sei das schon Jahre her. Dabei waren es bloß ein paar Wochen.

»Du kannst doch mal bei mir übernachten!«, schlägt Niklas jetzt vor. »Am besten gleich heute! Komm, wir fragen gleich deine Mutter, ob sie es erlaubt!«

Philip blickt zur Straße hin und stutzt. Am Zaun steht nicht seine Mutter, um ihn abzuholen, sondern Lisa. Hatte sie etwa schon wieder früher Schulschluss als er?

»Beeil dich, Winzling«, sagt sie und geht schon ein paar Schritte voraus. »Ich hab heute noch was vor.«

»Spinnst du?« Philip rennt los, um sie einzuholen. »Nur weil du wieder an den Computer willst, muss ich doch nicht hetzen!«

»Von wegen Computer«, entgegnet seine Schwester. »Ich hab 'ne Verabredung, kapiert? Denk bloß nicht, nur du hättest Freunde.«

Dann kann ja Niklas bei mir übernachten, denkt Philip. Vielleicht dürfen wir dann eine halbe Stunde das Rennautospiel am Bildschirm machen, wenn Lisa nicht da ist. Ausnahmsweise und nur, weil doch jetzt Ferien sind. Mama kann ja inzwischen einen Liebesfilm gucken. Aus Schweden.

Aber wenn sie nicht dürfen, macht es auch nichts. Niklas und er können so viel zusammen machen. Schließlich ist heute sein Glückstag!

Lesen macht Spaß!

... ganz besonders, wenn Leseanfänger die ersten Kinderbücher bewältigen und dabei spannende Geschichten entdecken. In dieser Aktion ist für jeden Geschmack etwas dabei: packende Abenteuer, bezaubernde Tiergeschichten, aufregende Schulkrimis und vieles mehr.

Frauke Nahrgang
Das Schulhof-Geheimnis
96 Seiten, ISBN 978-3-570-21995-9

Jo Pestum
Die geheimnisvolle Schatzinsel
96 Seiten, ISBN 978-3-570-21984-3

Insa Bauer
Geheimnis um die alte Villa
96 Seiten, ISBN 978-3-570-21985-0

Manfred Mai
Klassenfahrt zur Ritterburg
96 Seiten, ISBN 978-3-570-21996-6

Christiane Gohl
Ein Pony für uns beide
96 Seiten, ISBN 978-3-570-21997-3

Klaus-Peter Wolf, Bettina Göschl
Jenny und die Seeräuber
96 Seiten, ISBN 978-3-570-21988-1

Nortrud Boge-Erli
Melissa in der Hexenschule
96 Seiten, ISBN 978-3-570-21998-0

Patricia Schröder
Du schaffst das, Felix
96 Seiten, ISBN 978-3-570-21999-7

Klaus-Peter Wolf, Bettina Göschl
Leon und die wilden Ritter
96 Seiten, ISBN 978-3-570-22031-3

Dagmar H. Mueller
Michi lernt monstern
96 Seiten, ISBN 978-3-570-22030-6

Ingrid Uebe
Pia und das Schlossgespenst
96 Seiten, ISBN 978-3-570-22032-0

Klaus-Peter Wolf, Bettina Göschl
Ulf und die starken Wikinger
96 Seiten, ISBN 978-3-570-22028-3

www.cbj-verlag.de

Ursel Scheffler
Paula ist die Größte!
Drei Abenteuer in einem Band

104 Seiten, ISBN 978-3-570-21960-7

Paula ist ein richtiger Wirbelwind und für jedes Abenteuer zu haben: Auf Tante Elfis neuem Ponyhof dürfen Paula und ihre Freundin Sine ausreiten, sich um die Ponys kümmern und kommen sogar einem Pferdedieb auf die Schliche ... Weiter geht's in die Piratenferien zu ihrem Seeräuber-Opa, schließlich muss Paula beweisen, dass Mädchen viel mutiger sind als Jungen. Und ihr großer Bruder Titus und seine frechen Freunde werden im Schwimmbad ganz schön staunen, wenn Paula erst einmal ihr Seepferdchen gemacht hat!

cbj

www.cbj-verlag.de